Petr Lerkh

Khiva oder Kharezm

seine historischen und geographischen Verhältnisse

Petr Lerkh

Khiva oder Kharezm
seine historischen und geographischen Verhältnisse

ISBN/EAN: 9783743362932

Hergestellt in Europa, USA, Kanada, Australien, Japan

Cover: Foto ©ninafisch / pixelio.de

Manufactured and distributed by brebook publishing software
(www.brebook.com)

Petr Lerkh

Khiva oder Kharezm

KHIVA ODER KHAREZM

Seine historischen und geographischen

VERHÄLTNISSE

Von

P. Lerch

Mit einer Karte von Khiva

ST. PETERSBURG, 1873

Verlag der Kaiserlichen Hofbuchhandlung H. Schmitzdorff

(CARL RÖTTGER)

Inhaltsangabe.

Auf den Münzen, welche der gegenwärtige Khan von Khiva prägt, ist noch der uralte Name des Landes zu lesen, welches im Süden des Aral-See's, umgeben von unwirthlichen Wüsten, seine Fruchtbarkeit den Wässern des grossen, auf dem Knotenpunkt des hochasiatischen Gebirgssystems entspringenden Stromes dankt. „Gepräge von *Khvârezm*,"[1] „Gepräge der Stätte des Glaubens Khvârezm", „Gepräge der Herrschaft Khvârezm's" — lauten die Inschriften auf dem Revers dieser Münzen.

Im Anfange der vierziger Jahre nannte sich *Allah-quli,* welcher 1825 die Herrschaft in Khiva angetreten hatte, auf dem Avers seiner Münzen „*Khvârezm-schâh* d. i. Schâh von *Khvârezm* oder *Khârizm,* eben so wie einst die mächtigen Fürsten des Landes, welche sechs Jahrhunderte früher, ehe ihre Macht von dem weltstürmenden Dschingiskhan vernichtet wurde, vom Kaspischen Meere bis zum Indus und von den Ufern des Sir (Jaxartes) bis zum Meere von Oman herrschten. Den Namen *Khârism* oder *Khvârezm* oder *Khovarezm* führt das untere Flussgebiet des Oxus seit den ältesten historischen Zeiten. In den ehrwürdigen Religionsschriften der Parsen, dem Zendavesta, lautet dieser Name *Khvâirizem,* in den persischen Keilinschriften der Achemeniden — *Uvârazmis* oder *Uvârazmija,* oder richtiger *Wârazmis* oder *Wârazmija,* mit englischem *w* im Anlaute, wo die ursprüngliche gutturale Aspirata sich zum Spiritus lenis verflüchtigt hat.

Man hat verschieden diesen Namen gedeutet, in keinem Falle aber, wie es uns scheint, befriedigend. Den ältesten Versuch einer Erklärung des Namens des Landes, von dem hier die Rede ist, finden wir

---

[1] *Kh* bezeichnet bei mir in orientalischen Wörtern die tiefe gutturale Aspirate, *z* die weiche Spirans, französisches *z*; ebenso ist *v* nach französischer Aussprache, *w* aber nach englischer Aussprache zu lesen; *sh* ist wie französisches *j* (russ. ж) auszusprechen.

angeführt bei dem durch seine geographischen Wörterbücher bekannten Reisenden und arabischen Schriftsteller *Jâqût* (geb. 1179
† 1229), welcher von Geburt ein Grieche war. Ueber die Veranlassung
der Benennung *Khvarizm*, heisst es in Jâqût's grossem geographi-
schem Wörterbuch (Môadschem-el-boldân), wird Folgendes erzählt:
Einer der älteren Könige war gegen vierhundert Männer seines Reiches aufgebracht und befahl, sie zur Strafe in eine Gegend zu bringen, welche ohne alle Cultur und hundert Farsakh (Parasangen) von
den cultivirten Ländern entfernt wäre. Es fand sich dieser Art kein
anderer Ort als *Kâth*, welcher (am östlichen, d. h. rechten Ufer des
Dscheitum) einer der Städte Khvarizms ist. Man brachte sie dorthin
und überliess sie ihrem Schicksal. Nach einiger Zeit erinnerte sich
ihrer der König und sandte Leute aus, die ihm Nachricht von Jenen
bringen sollten. Man ging hin und fand, dass sie sich Zelte aus Schilf
gebaut hatten, Fische fingen und sich von ihnen nährten, auch viel
Holz um sich hatten. Als man sie fragte, wie es ihnen ergehe, ant-
worteten sie, auf die Fische zeigend, hier ist unser Fleisch und da ist
Holz, und wir braten jenes mit diesem und auf diese Weise nähren
wir uns. Man hinterbrachte das dem König. Deshalb nennt man diese Gegend *Khvârizm*, denn in der khvarizmischen Sprache heisst Fleisch *khvar*
und Holz *rizm*, woraus *Khvarizm* entstanden ist, indem bei der Aussprache ein *r* ausgefallen ist. Diese Leute wurden nun dort gelassen
und man schickte ihnen zum Anbau des Landes Weizen und Gerste
und vierhundert türkische Sklavinnen zu Frauen. Daher ist die dortige
Bevölkerung in ihren Gesichtszügen den Türken ähnlich und ihr Na-
turell weist Anlagen der Türken auf. Sie besitzen Kraft und Stärke
und sind befähigt, Entbehrungen mit Geduld zu ertragen. Sie bau-
ten Häuser und Burgen, mehrten sich und verbreiteten sich in den
Niederungen, gründeten Dörfer und Städte, und es kamen viele aus
den benachbarten Städten Khorasans und liessen sich bei ihnen nieder. So ist denn ein schönes cultivirtes Land geworden.

Die von Jâqût gegebene Etymologie hat nur den Schein der Richtigkeit für sich — denn *khoar* heisst unter Anderm im Iranischen
auch „essen": es wäre der Präsensstamm dieses Zeitworts und in
Compositionen könnte es so viel wie „Speise" bedeuten. Um im
zweiten Theil der Zusammensetzung das iranische — denn die Sprache der Khvarezmier war iranischen Ursprungs — Wort für „Holz"
zu finden, braucht man nicht zum Ausfall eines r die Zuflucht zu nehmen. Im Zend heisst „Holz" (eigentlich das „Brennbare") aiçma
(geschrieben aêçma) und in einem neueren iranischen (kurdischen)

Dialecte *eizimi*, in einem andern *hæzing*. Man könnte also wohl in dem zweiten Theil von Khoarizm an „Holz" denken. Doch eine Zusammensetzung von „Speise" und „Holz" giebt keinen Sinn. Wir haben es also hier mit einer etymologischen Spielerei zu thun, die wahrscheinlich von den Eingeborenen des Landes herrührt, da sie Kenntniss der Landessprache verräth. Nicht glücklicher als die von Jâqût angeführte Etymologie des Landesnamens, von dem hier die Rede, ist die jüngste, welche Herrn Vambéry angehört. Er liest *Chahrezm* und theilt *Chah-rezm*, was er mit „kampfwillig" oder „kriegerisch" übersetzt. Wenn auch *Châh* das Praesensthema von „wollen" im Irânischen ist, und *rezm* „Kampf" bedeutet, so wird doch kein Iranier ein solches Compositum bilden, er würde jedenfalls *rezm* — Kampf voranstellen, und könnte nur *rezm-châh* bilden, wie er *rezm-juz* gebildet hat, was im Neupersischen „Kampf suchend", „kampflustig" bedeutet. Vorsichtiger, wenn auch nicht glücklicher, in ihren Deutungen des Namens von *Khoarizm* waren Gelehrte, die eine Einsicht in die Geschichte der iranischen Sprachen haben. Der berühmte *Burnouf* erklärte versuchsweise den Namen als „Futterland", indem er in dem ersten Theil des Compositums ein Thema des Verbums „essen", im zweiten — das Nominalthema *zem* „Erde", welches in allen iranischen Sprachen vertreten ist, erblickte. Doch auch diese Etymologie ist nicht stichhaltig, denn das *Khvairizem* des Zendavesta war eben so gut Futterland wie *Sughda* (Sogdiana, das heutige Zerefschan-Thal) und *Bakhdis* (Bactrien, Balph), die ebenfalls in jener alten Schrift erwähnt werden. Professor Fr. Spiegel, Bezug nehmend auf das neupersische *Khvar* „schlecht", erklärt den Namen *Khvairizem* als „schlechtes Land". Wenn auch *khvar* gegenwärtig im Neupersischen die Bedeutung „schlecht", „gering", „winzig" hat, so war diese Bedeutung keineswegs die ursprüngliche im Altiranischen (im Zend wird das Thema *khvairi*, im Altpersischen aber *wara* gelautet haben), da in einer der neuiranischen Sprachen *khoar* eine andere, und zwar concrete Bedeutung, die dem Worte früher als die von „schlecht" eigen war, noch erhalten hat: es bedeutet im Kurdischen „niedrig", „unten". Es ist augenscheinlich, dass die neupersische Bedeutung „schlecht" aus der von „niedrig" sich entwickelt hat, wie überhaupt abstracte Bedeutungen aus concreten sich entwickeln. Unserer Ueberzeugung nach bedeutet also *Khârizm* das „niedrige Land", das „Land der Niederung" — eine für das untere Stromgebiet des Oxus sehr geeignete Bezeichnung, welche zu nahe lag, als

dass man nicht schon im Alterthum, als die ersten irânischen Ansiedelungen hier gestiftet wurden, nach ihr gegriffen haben sollte.

Der *Amu-Fluss* (*Amu-darja*), der *Oxus* der Schriftsteller des klassischen Alterthums, der *Dscheihun* (oder *Gihon*) der Araber durchströmt ein Ländergebiet von 17 Längen- und 7 Breitengraden,
welches von dem hoffentlich nicht mehr lange räthselhaften *Pamir* bis
zur aralo-kaspischen Niederung sich erstreckt. Seine Quellen hat er
auf diesem das „Dach der Welt" — bûm-i-dunyâ — genannten
Hochlande in der Nähe der Quellen des Indus. Sein nördlichster
Quellfluss ist der *Surch-âb* („rothes Wasser") oder *Quysyl-su* (türkische Uebersetzung von Surch-âb), dessen Ursprung Fedtschenko am
Alai, dem nördlichen Theile des Pamir-Hochlandes sah. Anfangs (um
den 39° n. Br. und westlich vom 74° östlicher Länge von Greenwich)
durchströmt er, von vielen Zuflüssen gespeist, in südwestlicher Richtung die Landschaft *Karategin*, wo er an den Mauern von *Garm* und,
Seripul rasch vorbeischiesst. Sein Thal ist hier fleissig angebaut.
Dann durchströmt er das Khanat *Kulâb* und vereinigt sich mit dem
Pændsch, der Hauptquelle des Amu, deren Beginn der Engländer
Wood im J. 1857 37° 2' n. Breite und 90° 22' oestl. Länge von Ferro
sah. Hier liegt auf einer Höhe von 15,600' der See *Sary-kul*, aus dem
eine der Quellen des Pændsch fliesst, eine andere Quelle desselben
ist im Thal Serhad Wakhan und entströmt einem südlich vom Sary-qul
liegenden See, dem *Barkat-Jasin*. Dieser liegt nach *Yule*[1] auf dem kleinen
Pamir (*Pamiri-khurd*), während der Sary-kul auf dem grossen Pamir
(*Pamir-i-kelan*) liegen soll. Das Thal Serhad Wakhan soll ziemlich
stark bevölkert und viehreich sein. Es diente im XVI. Jahrhunderte
zum Durchgang bei kriegerischen Unternehmungen von Ost-Tur-
kestan in das Flussgebiet des Amù, und durch dasselbe zog wohl im
XIII. Jahrhundert Marco Polo, und sechs Jahrhunderte früher der
fromme buddhistische Pilger Hiuen-Thsang, als er aus Indien in seine
Heimath China zurückkehrte.

Ungefähr fünfzehn Meilen unterhalb der Vereinigung seiner beiden
Hauptquellflüsse durchströmt der Pændsch in der Landschaft *Wa-
khan* (bei Marco Polo — *Vocan*) ein Thal von einigen hundert Faden
Breite, das von Einwohnern irânischen Ursprungs, aber türkischer
Zunge bewohnt wird. Nachdem er Wakhan und das zu ihm gehörige
Isch-kaschm, dessen Marco Polo ebenfalls erwähnt (*cité de Casem*)
verlassen, nimmt der Pændsch eine nordwestliche Richtung und fliesst

---

[1] A Journey to the source of the river Oxus, by *John Wood*. With an Essay on the
geography of the valley of the Oxus by *H. Yule*. London 1873.

im Süden der Landschaft *Schignân*, welche einst durch ihre Rubinengruben berühmt war, dann durch die unbekannten Landschaften von *Roschan* und *Dervaz*.

Der dritte grosse Quellfluss des Amu ist der *Kokscha*, gebildet von den Flüssen *Dscherm* und *Vardozh*, welche von dem an den Pamir im Westen sich anschliessenden *Hindukusch* herabkommen. Der erstere soll aus einem Alpensee fliessen. Nachdem beide Flüsse sich zum Kokscha vereinigt, nimmt derselbe noch andere Gebirgsflüsse auf. Das Flussgebiet dieses Kokscha bildet die Landschaft *Badakhschan*. Der vierte Quellfluss des Amu ist der *Aq-Serai* oder der Fluss von *Kunduz*, der seinen Ursprung in den Umgebungen von *Baminan* hat welches auf der grossen Strasse von Indien über Kabulistan zum mittleren Stromgebiet des Amu, in dem westlichen Theile des Hindukusch, liegt.

Westlich vom Aq-Serai fliessen vom Kôh-i-Babà zum Amu, in der Richtung von Süd nach Nord, aber ohne sein linkes Ufer zu erreichen, die Flüsse von *Khulm* und *Balkh*. Letzterer führt den Namen *Dchas* und ist der *Bactrus* oder *Zariaspes* der klassischen Schriftsteller. Von Norden, von den Gebirgen, welche im Süden von Samarkand vom Pamir nach Westen sich ziehen, strömen auch mehrere Flüsse dem Amu zu; ob sie alle sein rechtes Ufer erreichen, ist uns nicht bekannt. Unterhalb des Meridians von Balkh nimmt der Amu eine nordwestliche Richtung an. Bei Khadscha-Sala, 2 Karawanenmärsche in nordwestlicher Richtung von Balkh, wo Burnes im Jahre 1832 auf dem Wege von dieser Stadt nach Bukhara über den Strom setzte, bestand er am 17. Juni n. St., also einen Monat nach seinem höchsten Wasserstande, aus drei durch Sandbänke getrennten Armen, deren Breite 295, 113 und 415 Yards betrug. Die Tiefe dieser Arme war verschieden: an der tiefsten Stelle maass man nicht mehr als 20 Fuss, dafür aber häufig auch nur 6 Fuss. Am 17. August, einen vollen Monat nach dem höchsten Wasserstande des Amu, war seine Breite bei Tschardschui geringer als die bei Khodscha-Sala, dafür war aber die mittlere Tiefe hier bedeutender. Nach Burnes soll der Amu mit einer Schnelligkeit von 6000 Yards in einer Stunde fliessen. Von Balkh geht die Strasse nach *Schehri-sebz*, dem alten *Kisch*, dem Geburtsorte Timur's, über Termez (*Termedh*), welches auf dem rechten Ufer des Amu liegt. Diesen Weg zog im Jahre 1404 *Clavigo*, der Gesandte Heinrich's des Dritten von Castilien an den Hof Timur's in Samarkand. Vom Meridian von Balkh bis *Usti*, welches ich im Jahre 1858 auf der Reise von Khiva nach Bukhara berührte, sind die Ufer des Amu wenig bekannt. Usti liegt auf dem rechten Ufer, westlich vom Meridian der Stadt *Qara-qul*, einen Karawanenmarsch von diesem entfernt und ungefähr 6 geographische Meilen unterhalb Tschârdschu'i, welches auf dem linken Ufer liegt. Ungefähr in der Mitte zwischen den Meridianen von Tschârdschu'i und Balkh ist ein anderer Uebergangspunkt über den Amu, bei *Kerki*, wo Vambéry im Jahre 1863 auf seiner Rückreise aus Samarkand, über Karshi kommend, übersetzte, um über *Andkhoi* und *Maimane* nach Herat zu ziehen.

Unterhalb Usti, auf der rechten Seite, und unterhalb Tschârdschu'i, auf der linken, sind die Ufer des Amu kaum noch bebaut. Die Karawanen, welche aus Khiva nach Bukhara gehen, ziehen auf dem rechten Ufer, nachdem sie noch auf chiwesischem Gebiete, bei Khanqâ über den Fluss gesetzt. Unmittelbar am Ufer wäre Cultur noch möglich; auf einer geringen Entfernung vom Ufer beginnt aber auf beiden Seiten die Wüste, welche ungefähr auf einer Strecke von 300 Werst den Fluss begleitet.[1] Im September Monat sind viele Inseln und Sandbänke auf dieser Strecke des Stromes sichtbar.

Die Oase von Khârezm beginnt ungefähr mit dem 41° n. Breite. Auf dem rechten Ufer bleibt sie sehr schmal, während sie auf dem linken Ufer von *Pitnæk* (oder Fitnek) an, sich zu 5 bis 8 geographischen Meilen erweitert. Bedeutende Kanäle aus dem Amu gewinnen der Wüste den Boden für die Cultur ab, indem ihre Rinnsale mit dem des Flusses spitze Winkel bilden. Bei der Wichtigkeit, welche diese Wasserleitungen für die Bewohner von Khârezm haben, werden wir ihre Richtungen und Verzweigungen hier näher betrachten, um unseren Lesern ein anschauliches Bild von dem khârezimschen Culturlande zu ermöglichen.

Auf der Strecke zwischen *Pitnak* und *Neu-Urgendsch* zweigen sich aus dem Amu, der hier in nordwestlicher Richtung fliesst, folgende Kanäle ab: der von *Pitnak*, der *Palwan-atà* (sonst auch der Kanal des Chan's genannt), der *Kazawat* und der *Schahabâd* (verkürzt *Schawat*). Die Stadt *Pitnak* liegt am Amu. Der Hauptkanal, welcher ihre Gärten und Felder bewässert, zieht sich im Osten von ihr, anfangs in südlicher Richtung, die er dann in eine westliche und zuletzt in eine

---

[1] Auf der neuen russischen Karte vom Kapitän des Topographen-Corps *Ljussilin*, welche die Umgebungen des Kaspischen Meeres, Khiwa. Bukhara. den westlichen Theil des Generalgouvernements Turkestan und die Steppengebiete nördlich und nordöstlich vom Aral-See darstellt, sind die Namen einiger Oertlichkeiten auf dem rechten Ufer des Amu zwischen den angesiedelten Gebieten von Khiwa und Bukhara unrichtig angegeben. Es ist freilich nicht die Schuld des Verfassers der Karte, welcher die Namen schon corrumpirt in dem von ihm benutzten Material vorfand.

west-nordwestliche verändert, bis er einen kleinen See erreicht, welcher ungefähr zwei geographische Meilen von Pitnaek entfernt ist. Ausser diesem Kanal bewässern Pitnaek noch drei Kanäle, welche sich mit dem Hauptkanal auf der Hälfte seines Laufes vereinigen. Von Pitnaek führt eine Strasse in westlicher Richtung über *Hezarasp*, *Ischan* nach *Khiva*. Die Entfernung soll zehn bis elf Meilen betragen.

Der *Pakwan-ata* nimmt seinen Anfang etwa zwölf Werst unterhalb Pitnaek. Aus ihm sind auf seiner ganzen Strecke bis Khiwa, von seinem linken Ufer aus, mehr als zwanzig Arme in südwestlicher Richtung zur Strasse von Khiwa nach Pitnaek geleitet. Seine Länge beträgt achtzig bis neunzig Werst. Er fliesst anfangs in westlicher, dann in süd-südwestlicher Richtung und hat sein Ende einige Werst hinter Khiwa, wo die mit rothem Sande bedeckte Wüste beginnt. In der zweiten Hälfte seines Laufes sind auch von seinem rechten Ufer mehrere Arme abgelenkt. Er hat eine Breite von zwölf und später von sechs Faden. Der von ihm und dem in seiner Nähe fliessenden Kanal von *Kazawat* bewässerte Theil des Landes bietet auf einer Fläche von etwa dreissig Quadratmeilen einen fast ununterbrochenen Garten. Ich erinnere mich noch mit Vergnügen des wohlthätigen Eindruckes, den wir am 18. (30.) Juli 1858 auf dem Palwan-ata von den Böten aus genossen, welche uns am Abend desselben Tages nach *Gændümgan* einer in der Nähe der Mauern von Khiwa gelegenen Villegiatur des Khans, brachten. Mächtige, Schatten spendende Rüstern und schlanke Pappeln ragten über die Lehmmauern der Gärten hinaus, Maulbeerbäume, Oleaster und Weiden fassten die Wasserstrasse ein, an deren Rande sich Menschen in weissen Hemden drängten, um uns köstliche Trauben und duftende Melonen anzubieten. Ueberall sah man die Anstrengungen und Früchte menschlichen Fleisses, und die hiesige Bevölkerung schien eines bessern Looses würdig als das, welches die Geschichte ihr bereitet. Auf der Süd- und Westseite so wie auf der westlichen Hälfte der Nordseite umgiebt diesen Theil die Wüste, deren rothe Zungen den Culturboden belecken. Auch im Innern des angebauten Landstriches hat die Wüste sich einige Ruheplätze geschaffen. Ausserdem sieht man hier und dort kleine, muldenförmige, gewöhnlich mit Schilf bewachsene Seen, in denen der Ueberschuss des Wassers aus den Kanälen sich zu sammeln scheint.

Der Kanal von *Kazawat* ist zehn bis zwölf Werst unterhalb des Palwan-ata aus dem Amu abgeleitet; in westlicher Richtung strömend, nähert er sich auf halbem Wege, bei der Stadt *Khanqà* bis auf zwei

Werst dem letzteren. Sein Ende reicht über das˙ des Palwan-ata hinaus und seine Länge beträgt ungefähr dreizehn geographische Meilen. An seinem Ende, fast am Rande der Wüste liegt das Städtchen, nach dem er benannt ist, östlich von diesem ein anderes, welches den Namen *Kosch-qupyr* trägt. Nördlich von diesem liegt in der Wüste eine kleine Oase an einem kleinen See, *A'ir* genannt.

Vier geographische Meilen unterhalb des Kanals von Kazavat zweigt sich der von *Schahabad* ab. Er fliesst anfangs in west-süd-westlicher Richtung, bis er nach einem Laufe von ungefähr einer Meile die Stadt Neu-Urgendsch, welche nach Khiva der bedeutendste Handelsmarkt des Landes ist, erreicht. Seine eben angegebene Richtung mit einigen Biegungen fortsetzend, nimmt er zwölf Werst unterhalb Neu-Urgendsch eine˙ nordwestliche Richtung an, die er in gerader Linie ungefähr zwei Meilen lang einhält, dann aber seinen Lauf in west-nordwestlicher Richtung über das Städtchen *Schahabad* hinaus, welches mit Kazawat unter demselben Meridian liegt, bis *Tasch-hauz* fortsetzt und zuletzt eine westliche Richtung annimmt. Seine Länge beträgt etwa achtzehn geographische Meilen. An seinem Ende liegt die Ortschaft *Il-aly*. Ueber Kazawat, (oder auch Kosch-qupry) Schahabad, Tasch-hauz, Il-aly führt eine Landstrasse nach Alt-Urgendsch. Auf diesem Wege liegt auch das Städtchen *Ambar*, welches *J. Abbott*, der im Winter 1839—1840 diese Strasse zog, in seiner Reise-Beschreibung erwähnt. Der Kanal von Schahabad folgt dem untern Saume des Culturstreifens, welcher von Neu-Urgendsch bis Il-aly sich hinzieht; den oberen Saum desselben bestimmt der Kanal *Jarmysch*, welcher zehn Werst unterhalb des Schahabad an einer Stelle, wo im Jahre 1842 der Amu, zwei grosse Inseln bildend, sich in drei Arme theilte, aus demselben abgeleitet ist. An einem linken Arme des Jarmysch, unter dem Meridian von Khiva, liegt der kleine Ort *Kæt*, der den Namen der alten Hauptstadt von Khàrezm führt. Durch eine, zwei bis vier Werst breite langgestreckte Zunge der Wüste ist der durch die Kanäle von Schahabad und Jarmysch bewässerte Culturstrich von den nächstliegenden getrennt. Hier folgen auf einander die Kanäle *Qylydsch-Niaz-bai, Qaragöz* und *Boz-su*. Der erste von ihnen ist zehn Werst unterhalb des Schahabad aus dem Amu abgeleitet, der zweite dreissig Werst niedriger als der erste, und der dritte fünf und zwanzig Werst unterhalb des zweiten. An einem der vom rechten Ufer des Qylydsch-Niaz-bai sich abzweigenden Kanäle liegt *Gurlen*, ungefähr zehn Werst vom Flusse entfernt, nordwestlich von Gürlen — die Ortschaften *Qylydsch-Niaz-bai* und *Buldumsas.*

Am Qaragöz liegt in einer Entfernung von ungefähr zwanzig Werst die kleine Stadt *Qytai*. Der *Boz-su* mündet in den See *Por-su*, nach welchem eine kleine Ortschaft in der Nähe benannt ist. Fünf Werst vom Flusse entfernt liegt am Boz-su die Ortschaft *Mangyt*. Von letzterem Orte bis *Qyptschaq*, das am linken Ufer des Amu, fünfzehn Werst unterhalb Mangyt, liegt, sind nur ziemlich kurze und schmale Kanäle aus dem Amu abgeleitet. Obgleich die drei vordem erwähnten Kanäle eine Länge von vierzig und mehr Werst haben, ist das Land an ihnen doch bedeutend weniger angebaut als am Kazawat und Palwan-ata, und auf der zweiten Hälfte ihres Laufes leben schon nomadisirende Turkmenen. Unterhalb Qyptschaq hat der Amu eine west-nord-westliche Richtung. Auf seinem rechten Ufer läuft ihm parallel, von Gürlen an, ein Höhenzug, welcher bis Mangyt die höchste Erhebung hat und bis zu diesem Orte *Scheich-Dscheli* (oder richtiger, wie Abulghâzi schreibt — *Scheich-Dschelil*) heisst. Auf demselben rechten Ufer, wo der Scheich-Dscheli endigt, ist ein ziemlich grosser See von einer halben Quadratmeile Fläche, welcher *Khodscha-köl* heisst und unter diesem Namen schon beim Historiker Abulghâzi vorkömmt. Dreissig Werst unterhalb der kleinen Stadt Qyptschaq liegt, eben so wie diese, auf dem linken Ufer die Festung, welche auf unseren Karten *Bend* (so viel wie „Damm“) genannt wird. Hier zweigt sich der, „Laudàn“ genannte Arm des Amu ab, welcher in den südöstlichen Winkel des, „Aibugir“ genannten und mit Schilf bewachsenen Busens des Aral-Sees fällt. Als wir 1858 den Amu von *Qungrad* aus hinauffuhren, soll die Schleuse bei der erwähnten Festung geschlossen gewesen sein, um die Turkmenen, die um Alt-Urgendsch leben und damals mit der Regierung in Khiva auf feindlichem Fusse standen, des Wassers zu berauben.

Hier beginnt also das Delta des Amu. Bei Khodscheili zweigt sich am rechten Ufer in nördlicher Richtung der zweite Arm des Amu — der *Kuwan-Dscharma* — ab. Auf der Karte von *Ljussilin* (s. oben S. 6 in der Anmerkung) heisst er *Kasarma* und fliesst in nordöstlicher Richtung zum See *Tampyne-ajase*, während, nach dem Memoire von *A. Butakow* über das Delta des Amu [1], er eine nördliche

[1] The Delta and Mouths of the Amu-Daria, or Oxus. By Admiral A. Boutakoff, of the Russian Navy. Translated from the Russian, and communicated by *John Mitchell*, Esq. H. B. M. Vice-Consul at St. Petersburg; s. *Journal of the Royal Geographical Society* Vol. XXXVII. (London), S. 152 — 162, mit 1 Karte. Russisch ist dies Memoire in der Turkestanischen Zeitung (Туркестанскія Вѣдомости) für das J. 1872, № 32, S.

Richtung einhält, die in der zweiten Hälfte seines Laufes (welche *Yangy-su*, oder nach kirgisischer Aussprache *Dschangy-su* heisst) sich nach Osten neigt. In den Jahren 1848 und 1849 schickte dieser Arm eine solche Masse Wasser in den Aral-See, dass Butakow's Leute noch bei der Insel *Jermolow* süsses Wasser vom Bord ihrer Boote schöpfen konnten. Im Jahre 1859 aber war im ganzen Busen *Tuschtsche-bas*, in den sich der Arm ergiesst, das Wasser salzig. In dem letzt erwähnten Jahre fuhr Butakow den *Jangy-su* und seinen Anfang, den *Kuvan-Dscharma* oder *Kök* (der Blaue) bis zum See *Tampyne-ajatsche* hinauf; dieser ist von einem andern See, dem *Dau-kara*, durch eine schmale Landzunge, die bei hohem Wasserstande überschwemmt wird, getrennt, hat aber, mittelst eines Durchbruches in derselben von zwanzig Faden Breite, eine beständige Verbindung mit ihm. Die Breite des *Jangy-su* giebt Butakow zu 40 bis 70 Faden an, seine Tiefe zu 5, 7 und 8 Fuss. Die Ufer bestehen meist aus Sandhügeln, auf denen Saxaul (die Qazaq sprechen *sokso'ul* aus) und *Dschidda* (Oleaster, Elæagnus angustifolia L.) wachsen. Auch wurden Getreide- und Melonenfelder angetroffen. Vierunddreissig Werst oberhalb der Mündung geht quer durch das Bette eine Erhöhung aus Sandstein, auf welcher die Tiefe des Wassers $1^1/_2$, 2 und $2^1/_2$ Fuss ist. Dieser Steinboden des Bettes setzt sich noch zwölf Werst den Fluss hinauf fort. Die Tiefe des Wassers war verschieden: 7, 8 und 9 Fuss, aber auch nur 3, $2^1/_2$ und 2 Fuss.

Hinter dem See Tampyne-ajatsche liegt auf einem Berge — *Tschutscka-bas* — eine kleine Festung, welche von der Regierung in Khiva erbaut ist, um die hier und um den See Dau-kara wohnenden Qazaq und Qara-qalpak in Zaum zu halten.

Nachdem er den Laudàn und den Kök oder Kuvan-Dscharma entsendet, fliesst der Amu in nordwestlicher Richtung weiter, doch wird sein Wassergehalt immer geringer, da rechts mehrere kleine Arme und zuletzt der grosse *Qara-baili*, 65 Werst unterhalb Khod-

---

128 — 129 gedruckt. Die in diesem Memoire mitgetheilten Thatsachen sind ebenfalls in einen im II. Theile des „Turkestanischen Jahrbuchs" (Матерiалы для Статистики Туркестанскаго Края Ежегодникъ, d. i. Materialien zur Statistik des Turkestanischen Gebiets. Ein Jahrbuch. Herausg. vom Turkestanischen Statistischen Comité und redigirt von *N. A. Majew*. Lief II St. Petersburg VIII + 573 SS. in 8° mit einem photographirten Bildniss des Khans von Khoand Seïd Muhammed Khudojàr-Khan) S 28—38 abgedruckten Aufsatze „Das Delta des Amû-Darjà" aufgenommen und durch von meinem Reisegefährten im J. 1858, dem Lieutenant *Moshaiski*, und Anderen gesammelte Aussagen einiger im Delta des Amû lebenden Kirgisen vermehrt.

scheili, sich abzweigen. Diese Arme ergiessen sich in Niederungen, wo sie schilfbedeckte Seen bilden, aus denen das Wasser in *ein* grosses Bette, den *Ulqun-Darja*, wieder zusammenfliesst. Dieser ist der wichtigste unter den Mündungsarmen des Amu.

Ohne von Seen unterbrochen zu werden, ergiesst sich in den Aral-See nur der *Taldyq*, welcher unterhalb der Stadt *Qungrad* beginnt. In den Jahren 1848 und 1849 war die Strömung in ihm eine sehr rasche. An der Barre betrug die Tiefe 3 Fuss, im Jahre 1858 aber nur 1½ und sogar 1¼ Fuss. Auch waren in diesen vierzehn Jahren die Anschwemmungen um zwei Werst vorgerückt. An den Ufern des Taldyq giebt es viele ausgezeichnete Wiesen und viele Getreide- und Melonenfelder.

Oestlich von dem eben beschriebenen Arme ergiesst sich in den Aral-See der erwähnte *Ulqun-Darja*, welcher zehn Werst oberhalb seiner Mündung bei *Tenke-qum*, sich in zwei Arme theilt, von denen der westliche *Kitschkein-Darja* („kleiner Fluss") genannt wird. Er bildet sich aus einem See—*Erteng-köl*—und fliesst anfangs in einem vier Faden tiefen und fünfzehn Faden breiten Bette, das sich unter rechtem Winkel links und rechts theilt. Der linke Arm fliesst in einem engem Bette — *Kölden* — zum Taldyq, in den er sich unterhalb Qungrad ergiesst; der rechte Arm geht unter den Namen *Ulqun-Darja* zum Aralsee. 1858 konnte Butakow auf dem Dampfer „Perowskij" (40 Pferdekraft und 140 Tonnen) den Kölden gegen Qungrad hinabfahren, 1859 aber betrug seine Tiefe bei hohem Wasserstande nur noch 2½ Fuss. Einen Theil seines früheren Wassergehaltes gab er dem *Ulqun-Darja* ab. Dieser, je mehr er sich dem Meere nähert, empfängt immer mehr neue Nahrung aus den benachbarten Seen, so dass, als Butakow ihn 1858 befuhr, er drei Werst unterhalb seines Anfangs eine Breite von etwa 80 Faden und eine Tiefe von 4, 5 und 6 Fuss hatte, dreissig Werst weiter aber seine Breite bereits 120 — 150 Faden und die Tiefe schon 3, 4 und 5 Faden betrug. Die Ufer des Ulqun-Darja, besonders das linke, sind mit Gärten und Feldern bedeckt und tragen viele Lehmhäuser, in denen *Qara-qalpaq, Uczbek* und *Sart* wohnen. Zum Schutz gegen Ueberschwemmungen bei hohem Wasserstande ist längs dem niedrigen Ufer ein Damm aufgeworfen, welcher auch die Möglichkeit giebt, die Bewässerung des Culturlandes zu regeln. Siebzig Werst von der Mündung des Ulqun-Darja in den Aral-See hat er rechts einen Abfluss im *Qazaq-Darja*, welcher sich mit einem zum Aral gehenden Abfluss der Schilfseen vereinigt. Ausser den erwähnten

Mündungsarmen giebt es noch mehrere andere, welche alle sehr flache Betten haben, von denen viele ganz mit Schilf bewachsen sind.

Das am Meisten cultivirte Land im Amu-Delta liegt zwischen dem mit Schilf bewachsenen Aibugir-Busen des Aral-See's und dem Taldyq. Im Norden dieses Landstriches leben Qaraqalpaqen, die auch weiter nach Osten und Süden das Delta bewohnen. Sie treiben Viehzucht und Feldwirthschaft und sind ackerbautreibende Nomaden, eben so wie die um Qungrad und südlich von ihm lebenden Qazaq. Selbst in Qungrad lebt man meist in Zelten und im Jahre 1858 bestanden die Lehmmauern der Stadt, — welche wenig Häuser, einen kleinen Bazar, einen Karawanserai und ein grösseres von hohen Mauern umgebenes Haus, mit mehreren Höfen und einem Garten hat, wo der Beg des Khans wohnt, — zum grössten Theil in Ruinen. Die Kanäle, welche zur Bewässerung des an den Aibugir stossenden Landes dienen, sind theils aus ihm, theils aus dem Taldyq abgeleitet. Das Land oberhalb des Laudân's ist meist mit Schilf bewachsen: wahrscheinlich wird es bei hohem Wasserstande des Flusses überschwemmt. Auch werden auf den Karten von Basiner [1] und Danilewskij [2], eben so wie auf Butakow's Karte oberhalb und nördlich vom Laudân und südlich von Qungrad, in dem erwähnten Schilfwalde zwei Abflüsse aus dem an dieser Stadt vorbeifliessenden Arme des Amu in den Aibugir angegeben.

Am Qara-baili ist 14½ Werst unterhalb seines Anfanges am linken Ufer eine kleine Festung, *Neu-Nukus* genannt, angelegt. Wir fanden um dieselbe eine recht belebte Ansiedelung. An der Vorderseite hat die Festungsmauer eine Länge von 200 Faden und eine Höhe von etwa 20 Fuss. Die Ruinen von Alt-Nukuz liegen 5 Werst niedriger auf dem rechten Ufer des Qara-baili. Einer andern

---

[1] Th. Fr. *Basiner*, welcher Botaniker war, machte im J. 1842 die Reise nach Khiwa mit einer Gesandtschaft, an deren Spitze der Oberst-Lieutenant *Gregor Danilewskij* stand. Seine Reisebeschreibung erschien in den bei der hiesigen Akademie der Wissenschaften von K. E. v. Baer und Gr. v. Helmersen herausgegebenen „Beiträgen zur Kenntniss des Russischen Reiches und der angrenzenden Länder Asiens", XV. Bändchen (Naturwissenschaftliche Reise durch die Kirgisensteppe nach Chiwa. Von *Th. Fr. Jul. Basiner*. Mit 1 Karte, einem Plan der Stadt Khiwa und 4 Tafeln. St. Petersburg, 1848. XV + 379 SS. 8°).

[2] Von Danilewskij erschien eine Beschreibung des Khanats Khiva in dem V. Bande der alten Memoiren („Sapiski") der Kais. Russ. Geographischen Gesellschaft. Die unter seiner Anleitung verfertigte Karte von Khiva habe ich in einer handschriftlichen Copie benutzt.

kleinen Festung — *Tschimbai* — erwähnt Butakow noch östlich vom Ulqun-Darja, zum Aral-See zu.

Nach Basiner hatte der Laudân im Jahre 1842 bei seinem Ursprunge eine Breite von 350 bis 420 Fuss und floss in gerader Linie von Ost nach West. Auf Danilewskij's Karte bildet er anfangs drei Arme oder zwei langgestreckte Inseln (von 10 und 18 Werst). Nordwestlich vom See Por-su schickt er auf Danilewskij's Karte den Abfluss Sarqra'uq nach Südwesten ab, welcher aber, ehe er Alt-Urgendsch erreicht, eine westliche Richtung und bei den Ruinen dieser Stadt eine südliche Richtung annimmt. Um Alt-Urgendsch und weiter zum Südwinkel des Aibugir, auf einer Strecke von 60 Werst, ist das Land theilweise angebaut und scheint von Kanälen bewässert zu sein, die von Norden, wahrscheinlich aus dem Laudân kommen.

In dieser Gegend leben Turkmenen vom Stamme der Jamschid. Abbott erwähnt hier Jomud-Turkmenen. Ich habe diese Gegend nicht besucht, da wir im Jahre 1858 vom Ust-urt aus im nördlichen Theile des Aibugir über denselben zu Bote setzten und unseren Weg nach Qungrad nahmen, von wo wir den Amu bis Neu-Urgendsch hinauffuhren. Der Aibugir ist ganz mit Schilf bewachsen. An der Stelle, wo wir überfuhren, ist das Schilf ausgeschnitten. Die kleinen Böte, in denen wir übersetzten, werden mit Stangen vom Spiegel aus fortgestossen. Das Wasser ist im Aibugir nur in der Mitte auf einer schmalen etwa 300 Fuss breiten Stelle, die auch von Schilf frei ist, fliessend. Das Wasser fliesst hier dem Aral-See zu. Doch soll am Ende des Aibugir der Boden so seicht sein, dass Kameele hinübergehen können.

Die Verzweigungen des Wassers des Amu in seinem Delta sind seit Jahrhunderten Veränderungen unterworfen. Zu diesen Veränderungen gehört auch die Bildung des Armes, welcher eine Zeit, im XV. und XVI. Jahrhundert, in der Richtung zum Kaspischen Meere floss, indem er das am westlichen Ufer des Aral-Sees sich hinziehende Plateau des Ust-urt im Süden umbog. Die Geschichte des untern Laufes des Amu und seiner Mündungen hat bekanntlich viele Gelehrte beschäftigt. Die neueste Schrift, welche die historischen, auf diese Frage bezüglichen Nachrichten mit den Aussagen moderner Augenzeugen kritisch zusammen zu stellen versucht, hat Herrn Professor *Robert Lenz* zum Verfasser [1]. Bekanntlich hat

---

[1] S. Unsere Kenntnisse über den früheren Lauf des Amu-Daria. Mit 2 Karten, 52 SS. in 4° in den Mémoires de l'Académie Impériale des Sciences de St. Pétersbourg. VII. Série. Tome XVI, № 3. 1870.

Al. v. Humboldt im zweiten Bande seiner *Asie Centrale*, der Geschichte des Oxus im Zusammenhange mit der des Aral-See's eine eingehende Untersuchung gewidmet. 1845 erschien *Carl Zimmermann's* „Denkschrift über den untern Lauf des Oxus zum Karabugas-Haff des Kapischen Meeres" u. s. w. (Berlin VII + 184 SS. 4°. Mit 3 Karten).

Andere kleinere Aufsätze [1] haben früher und später dieselbe Frage behandelt. Wenn zur endlichen Lösung derselben einerseits genauere physikalische und geodätische Untersuchungen des ganzen untern Stromgebiets des Amu und des ganzen Bettes seines Armes, der früher in das Kaspische Meer geflossen sein soll, noch nothwendig sind, so ist andererseits eine genügende Kritik der historischen Nachrichten über den untern Lauf des Oxus noch lange nicht hinreichend geübt worden, denn diese Nachrichten sind bei der Lösung der Frage von eben solchem Gewicht, wie jene Untersuchungen. Hauptsächlich sind es die Nachrichten der altarabischen Geographen und die Abalghâzis über den Amu, welche bis auf die letzte Zeit (1870), wo Herr Lenz seine oben angeführte Abhandlung schrieb, aus nicht ganz lauteren Quellen flossen. Von den arabischen Geographen sind es hauptsächlich zwei, deren Nachrichten über den Dscheihun oder Dschihun — wie bei den Arabern der Oxus heisst — zu berücksichtigen sind: es sind *Istakhri* und *Ibn Hauqal*, welche etwas über die Mitte des X. Jahrhunderts lebten. Beide haben grosse Reisen gemacht und ihre Bücher, welche der Beschreibung der Länder und Wege gewidmet sind, enthalten Daten, die entweder aus eigener Anschauung oder aus den Berichten

---

[1] Z. B. „Ueber den alten Lauf des Oxus" im „Ausland" 1844. № 51. S 20; (nach Karelin in Erman's Archiv für die wissenschaftliche Kunde von Russland 1843); *Zeune:* Haben die Alten den Aralsee genannt? in den Annalen der Erdkunde. (Dritte Reihe, Bd. III. 1837, S. 187; *A. Joubert* Mémoire sur l'ancien cours de l'Oxus im Nouveau Journal asiatique. T. XII (1833) S. 481; *Mahlmann* Ueber die Gestalt des Aralsees und die Gabeltheilung des Oxus, in den Verhandlungen der Gesellschaft für Erdkunde. Neue Folge. Bd. II. (1845), S. 129; *Pausner* Haben die Flüsse Amu und Syr vor Zeiten ihren Abfluss in's Kaspische Meer gehabt? in den Annalen für Erdkunde. Dritte Reihe. Bd. III (1837), S. 179; *M. Iwanin* Ueber das alte Bett des Amu-Darja im Turkestanischen Jahrbuch, Lief. II, S. 13—23; auch die Verfasser von Reisebeschreibungen nach Khiwa, haben die Frage: ob der Amu sich einst in's Kaspische Meer. Zuletzt finden wir in dem am Ende des vorigen Jahres erschienenen XVI. Bändchen der „Beiträge zur Kenntniss des Russischen Reiches" in der inhaltreichen Schrift K. E. von Baer's „Peter's des Grossen Verdienste um die Erweiterung der geographischen Kenntnisse" auf S. 269—273: „Ein Wort über die ehemalige Ausmündung des Oxus in das Kaspische Meer".

anderer Reisenden geschöpft sind. Die traditionelle Geographie, das heisst die geographischen Kenntnisse, welche sonst den Arabern von den Griechen überkommen sind, blieben jenen gänzlich unbekannt. Dieser Umstand ist ein sehr wichtiger in Betreff der Oxus-Frage. Wären dem Istakhri und dem Ibn Hauqal die nothdürftigen und unsicheren Kenntnisse der Griechen vom Oxus bekannt gewesen oder von ihnen berücksichtigt worden, dann hätten dieselben nur zur Trübung ihrer eigenen Kenntniss vom Laufe des Flusses beitragen können. Ibn Hauqals Buch ist in Bezug auf die Länder jenseits des Oxus etwas ausführlicher als das Istakhri's. Letzterer hat dem seinigen den verkürzten Text des *Abu-Zaid al-Balkhi*, welchen dieser zu einer Sammlung von Karten einzelner Länder schrieb, zu Grunde gelegt. Ibn-Hauqal benutzte und vervollständigte den Text Istakhri's. Beider arabische Texte sind erst seit 1870 in einer kritischen Ausgabe erschienen [1]. Die frühere Ausgabe von Istakhri's Werk war das Facsimile einer Handschrift, die nur einen Auszug enthielt. Nach diesem Auszuge war auch eine deutsche Uebersetzung von Mordtmann erschienen.

Die genaue Kenntniss des untern Laufes des Dscheihun, so wie des Landes an seinen Ufern, ferner der Kanäle, die dasselbe bewässern und endlich der Wege in und zu diesem Lande, welche wir bei Istakhri und Ibn Hauqal finden, lässt uns gar nicht daran zweifeln, dass, wenn zu ihrer Zeit ein Arm des Amu in's Kaspische Meer sich ergossen hätte, dieser Umstand ihnen nicht hätte unbekannt bleiben können.

Die Beschreibung von *Khovarizm* findet sich bei beiden genannten Autoren in ihrem letzten, Maver-an-nahr („dem Lande jenseits des Flusses" Dscheihun—Transoxanien) gewidmeten Abschnitte.

Nachdem die Grenzen von Mawer-an-nahr angegeben, die Natur und die Bewohner des Landes in ihren Hauptzügen geschildert worden sind, wird zur Beschreibung des Laufes des Dscheihun übergegangen. Mit der Beschreibung seines untern Laufes ist die von Khovarizm verknüpft, obgleich der unterhalb des Flusses gelegene Theil desselben, nach Istakhri's Meinung zu Khorasan, welches in dem vorhergehenden Kapitel beschrieben worden, gezogen werden müsste.

Khovarizm ist, nach Istakhri und Ibn Hauqal, von allen Seiten von

---

[1] S. Bibliotheca Geographicorum Arabicorum, in Leyden herausgegeben von *M. J. de Goeje*. Erster und zweiter Theil. 1870—1872.

Wüsten umgeben. Im Westen und Norden stösst es an das Gebiet der *Ghuzzen*, im Süden und Osten grenzt es an *Khorasan* und das eigentliche Transoxanien. Unter Ghuzzen sind türkische Stämme zu verstehen—die *Uzen* der russischen Chroniken. Es liegt am Endlaufe des Dscheihun; zu dessen beiden Seiten und hinter ihm giebt es an diesem Flusse bis zu der Stelle, wo er sich in den See von Khoarizm (Aral-See) ergiesst, kein bebautes Land. Seine Hauptstadt ist auf der nördlichen Seite des Dscheihun (d. h. am rechten Ufer) und auf der südlichen Seite (d. h. am linken Ufer) giebt es eine grosse Stadt, welche *el-Dschordschanija* heisst und die grösste Stadt von Khoarizm nach der Hauptstadt ist. Sie handelt mit den Ghuzzen und von ihr gehen Karawanen nach Dschordschân (das alte Hyrkanien), in das Land der Khazaren und nach Khorasan. Ausser der Hauptstadt giebt es folgende Städte in Khoarizm: *Derghân*, *Hazarasp*, *Khiva*, *Khoschmithan*, *Arda-Khoschmithan*, *Saferdis*, *Nuzvar*, *Kerderan Khavasch*, *Kurder*, das Dorf *Berategin*, *Medhminje*, *Mezdihkan* und *el-Dschordjanije*.

Wir haben hier zu bemerken, dass diese Ortsnamen, ausgenommen den Namen des Dorfes Berategin, welcher türkisch klingt, iranischen Ursprungs sind. In Khoschmithân entspricht der zweite Theil des Namens — *mithan* dem zendischen *maêthana* Wohnung; in *Saferdis* ist das *diz* das bekannte iranische Wort für Befestigung. Einige dieser Namen bestehen noch jetzt, so Hazarasp, Khiva, andere kommen beim Historiker Abulghâzi, welcher im XVII. Jahrhundert lebte, noch vor, so *Gerden-khast*, welches dem *Kerderan-Khavasch* bei Istakhri und Ibn-Hauqal entspricht, ferner *Mezdihkan*, für welches in den Handschriften der beiden arabischen Werke *Merdadscheqan* steht, was aber auf falscher Punctuation beruht. Endlich ist *el-Dschordschanije* die arabische Form für *Gurgandsch:* die Araber schreiben auch *Korkandsch*.

Die Hauptstadt wurde genannt das khoarizmische *Kath*. Letzteres Wort ist ein Nomen genericum, welches so viel wie Wohnort bezeichnet und ohne Vocaldehnung am Ende vieler Ortsnamen Transoxaniens vorkommt, z. B. Akhsiketh. Der arabische Geograph *Moqaddesi*, welcher in der zweiten Hälfte des X. Jahrhunderts schrieb, nennt Kâth die Hauptstadt des Hayathalischen oder transoxanischen Khoarizm, *Dschordschanija* die des Khorasanischen oder cisoxanischen. Sitten und Sprache sollen in dem einen und dem andern ganz verschieden gewesen sein. — Unter Hayathal verstehen die arabischen Autoren dasselbe Volk, welches die Byzantiner Ephtaliten, die Chinesen Da-Juethi, d. h. Grosse Juethi, nannten. Sie waren, nachdem sie im Anfang des II. Jahrhunderts vor Chr. Geb. in der Nachbarschaft der Hunnen als Nomaden gelebt, in Folge von Ueberfällen der Letzteren in der Mitte desselben Jahrhunderts nach Westen gewandert, drängten die Saken (bei den Chinesen *Se*, *Sai* oder *Su*) aus den Ili-Gegenden zum Jaxartes (Sir-Darja). Als später, ebenfalls von den Hunnen gedrängt, ihnen die Usun folgten, nahmen sie die Wohnsitze der Saken ein, welche an den Oxus zogen, wo aber die Juethi auch bald als Herrscher auftreten. Daher heisst bei den Arabern, namentlich bei dem erwähnten Moqaddesi, Transoxiana das Land der Hayathal oder Haithal. Im VI. Jahrhundert nach Chr. Geb. erfahren die Byzantiner, dass die Ephtaliten von den Türken besiegt sind. Wie bisher die Ersteren mit den in Iran herrschenden Sassaniden gekämpft, kämpfen jetzt die Letzteren mit ihnen. Aus dieser Zeit stammt der Bericht des Byzantiners Zemarchos über seine Reise nach Sogdiana und zum Herrscher der Türken, Dizabul, welcher, als Zemarch seine Rückreise antrat, einen Kriegszug gegen die Perser unternahm. Diesem, in den aus des Byzantiners Menander Geschichtswerke erhaltenen Fragmenten auf uns gekommenen Berichte verdanken wir die erste Kunde vom Aral-See. Auf diesen Umstand werden wir noch zurückkommen, wenden uns jetzt aber wieder der Beschreibung von Khoarizm bei Istakhri und Ibn-Hauqal zu.

Als östlicher Grenzpunkt von Khoarizm galt im X. Jahrhundert *Taheria* am linken Ufer des Dscheihun. Von hier an begann der cultivirte Landstrich, welcher anfangs nur am linken Ufer sich hinzog und bis Hazarasp ziemlich schmal war. Auf dem rechten Ufer dagegen gab es kein angebautes Land vor *Gharamkhoschna*. Von hier an gab es bis Kâth an beiden Seiten des Stromes angebautes Land. Bei Kâth betrug die Breite desselben fast eine ganze Tagereise Weges, d. h. sieben bis acht Farsakh (50 bis 60 Werst), verengte sich aber bei Gurgandsh auf zwei Farsakh. Unterhalb der letztgenannten Stadt gingen die ununterbrochenen Ansiedelungen bis *Keit* (oder *Geit*, oder *I'scheit*), welches fünf Farsakh von dem am Fusse des Berges *Dschagragir* oder *Dschafragir* (bei Istakhri und Ibn Hauqal) oder *Siahkôh* (bei Ibn-Dasta, erstes Viertel des X. Jahrhunderts) gelegenen Dorfe *Kudschag* entfernt war. Hier begann die Wüste.

Der hier erwähnte Berg, welcher am (westlichen) Ufer des See's sich hinzieht, wird das Plateau *Ust-urt* sein, als dessen südliches

Ende der von Vambéry erwähnte *Qaflan-qyr* (Kaflankir) zu betrachten ist. *Qyr* oder *gyr* wird in den türkischen Sprachen eine
Hochebene, eine Steppe genannt. Abulghâzi, welcher mit der To-
pographie von Khârezm und seinen Umgegenden genau bekannt
ist, erwähnt eines *Qyr* einigemal, ebenso einzelner Punkte desselben:
Qaran-qvry, *Bejat-qyry*, die nach dem Zusammenhange des Textes
alle am Südende des Ust-urt zu suchen sind.

Der Dscheihun ergoss sich nach unseren arabischen Geographen
in den See von Khvarizm (Aral-See) beim Orte *Khalidschan*, wo
Fischer lebten. Feste Ansiedelungen gab es hier nicht. Andere
Mündungen des Dscheihun kennen Istakhri und Ibn Hauqal nicht.
Der ihnen bekannte Arm, welcher bei Dschordschanija vorbeifloss,
wird also der heutige Laudân gewesen sein. In der Nähe des
Berges Dschafragir war der See mit Schilf bewachsen, wie der
heutige Aibugir-Busen.

Ehe wir zur Mittheilung dessen, was Istakhri und Ibn Hauqal über
die Kanalisation von Khvarizm sagen, übergehen, ist hier noch zu bemerken, dass die beiden Geographen einer Stromschnelle des Dscheihun erwähnen, welche zwischen Taheria und Gharamkoschna sich
befand. Sie soll dadurch entstehen, dass vom Ufer ein Berg (Felsen?)
in's Bette des Flusses sich hineinzieht und dasselbe auf ein Drittel
verengt. Am Ausgange dieser Verengung hätten sich Sandbänke gebildet. Ein neuerer Berichterstatter, aus dem ersten Viertel dieses
Jahrhunderts, bestätigt diese Mittheilung. In den aus den Aufzeich-
nungen des General-Major's Gens geschöpften «Nachrichten über
Chiwa, Buchara, Chokand» u. s. w., welche Gr. v. Helmersen im zweiten Bändchen der «Beiträge zur Kenntniss des Russischen Reiches»
u. s. w. herausgegeben hat und die, was das Khanat Khiva betrifft,
meist auf den Aussagen von *Kowyrsin* beruhen, finden wir folgende
Bemerkungen: «150 Werst oberhalb *Pätniäk* sind in dem Amu-Darja
felsige Stromschnellen, durch welche Böte bei niedrigem Wasserstande nur mit Mühe hindurchkommen.» Kowyrsin, ein Bürger aus
Astrachan, war auf dem Kaspischen Meere beim Fischfange in die
Gefangenschaft der Turkmenen gerathen. Sie verkauften ihn nach
Khiva, wo er anfangs das Loos aller Sklaven theilte. Durch seine
Gewandtheit gelangte er aber bald zu einer ehrenvollen Anstellung,
die es ihm zur Pflicht machte, den Steuereinnehmer mehrere Jahre
hindurch auf den Reisen zu begleiten, die dieser zur Eintreibung der
Abgaben unternahm. Auf diesen Reisen erwarb sich Kowyrsin eine
sehr genaue Kenntniss des Raubstaates. Ob er selbst bei den Strom-

schnellen gewesen, ist mir nicht bekannt: doch ist es möglich, dass er mit seinem Vorgesetzten auch ausserhalb des bebauten Landstriches, zu den Wanderhirten oberhalb Pitnæk, eine Reise gemacht hat. Im Archiv des hiesigen Generalstabes soll eine Schrift deponirt sein, welche nach den Aussagen von Kowyrsin abgefasst ist. In derselben soll auch dieser Stromschnellen Erwähnung geschehen. Auch Moqaddesi erwähnt einer Flussenge im Dscheihun, zwischen Bukhara und Khvarizm.

Auf dem rechten Ufer des Flusses war aus ihm, sechs Farsakh hinter Gharamkhoschna und zwölf Farsakh vor der Hauptstadt, ein Kanal, *Gaukhoare* genannt, abgeleitet, an welchem bis zur Letzteren Ansiedelungen lagen. Seine Breite betrug fünf Ellen und seine Tiefe die doppelte Höhe eines Mannes. Er trug Böte. Nachdem er fünf Farsakh geflossen, zweigte sich aus ihm der Kanal *Kerih* ab, an welchem auch einige Ansiedelungen lagen. Auf dem linken Ufer gab es mehrere Kanäle. Zuerst den von *Hasarasp*, welcher unterhalb Amol seinen Anfang hatte; er soll um die Hälfte kürzer als der Gaukhoare gewesen sein. Auf ihm fuhren auch Böte. Ungefähr zwei Farsakh unterhalb Hazarasp war der Kanal von *Kerderan-Khavasch* abgeleitet, welcher grösser als der von Hazarasp war. Auf dem nächsten Kanal gingen die Böte bis *Khiva*, nach welcher Stadt er auch benannt war. Darauf kam der Kanal *Medra* oder *Mudra*, welcher zwei Mal länger als der Gaukhoare war. Auf ihm kam man zu Boote bis Medra. Zwischen ihm und dem Kanal von Khiva betrug die Entfernung eine Meile. Wahrscheinlich ist hier der Abstand ihrer Anfänge von einander längs dem Flusse gemeint. Dieselbe Entfernung wird zwischen dem Kanal Medra und dem *Wedak* angegeben. Auf dem Letzteren fuhr man bis Dschordschanija. Zwischen seinem Anfange und der Hauptstadt betrug die Entfernung ungefähr zwei Farsakh. Unterhalb der Hauptstadt, in der Provinz von Dschordschanija floss der Kanal *Bujeh* oder *Buh*, dessen Wasser mit denen des Kanals *Wedak* unmittelbar unterhalb des Dorfes *Enderestan* sich vereinigten; der Letztere war grösser als der Erstere. Auf ihnen gingen Böte bis Dschordschanija, wo sie auf einen Pfeilschuss Entfernung stehen blieben, denn hier war ein Damm. Von der Vereinigung beider Kanäle bis Dschordschanija war eine Station Weges. Bei Käth soll die Breite des Flusses — es ist wohl die Breite seines Bettes gemeint — ungefähr zwei Farsakh betragen haben. Vier Farsakh unterhalb der Hauptstadt waren, auch auf dem rechten Ufer, an vier Stellen Kanäle aus dem Flusse abgeleitet, welche sich zu einem Kanal vereinigten, der bei Kurder vorbeifloss. Es wurde behauptet, dass hier ein Arm des Dscheihun gewesen sei und dass wenn im Flusse das Wasser steige, es auch in diesem Kanal steige. Gegenüber *Keit*, in der Wüste, eine Farsakh nördlich von ihm lag die Stadt *Medhmi-nija*, welche vier Farsakh vom Dscheihun entfernt war. Der erwähnte Kanal floss zwischen *Keit* und *Medhminija*. Hinter der Letzteren gab es am Ufer keine Ansiedelungen. Zwischen dem Dscheihun und Kurder war der Gau *Mezdihkan*, welcher vom Flusse zwei Farsakh entfernt und gegenüber Dschordschanija gelegen war. Zwischen Kurder und der Hauptstadt floss bei jedem Dorfe ein Kanal aus dem Dscheihun.

Die Beschreibung von Khoarizm bei Istakhri und Ibn Hauqal wird noch vervollständigt durch die Angaben der Entfernungen zwischen einzelnen Ortschaften. Zwischen der Hauptstadt und Khiva war eine Station, ebensoviel von letztgenanntem Orte bis Hazarasp. Von Käth bis Dschordschanija waren drei Stationen, und von da bis Arda-Khosch-mithân eine Station; ebensoviel von Arda-Koschmithân bis Nuzvàr und von diesem bis Dschordschanija. Zwischen Hazarasp und Ker-derân-Khavasch waren drei Farsakh und von da bis Khiva fünf Far-sakh, von hier bis Saferdiz fünf Farsakh und dann bis zur Hauptstadt drei Farsakh. Von dieser bis Derdschàsch hatte man zwei Posten, von Derdschàsch bis Kurder eine Post und von Kurder bis zum Dorfe Berategin zwei Tagereisen. Dieses und Medhminija waren beide benachbart, nur dass Letzteres näher zum Dscheihun war, von dem es vier Farsakh entfernt war. Zwischen Mezdihkàn und dem Flusse betrug, wie schon erwähnt, die Entfernung zwei Farsakh. Mezdihkàn lag gegenüber Dschordschanija, welches vom Flusse eine Farsakh entfernt war.

Istakhri und Ibn Hauqal, wie der Leser sich hat überzeugen kön-nen, waren also über die topographischen Verhältnisse Khoarizm's sehr genau unterrichtet, wenigstens genauer als andere Berichter-statter über dasselbe, bis auf Abulghàzi, welcher sieben Jahrhunderte nach ihnen nach vielen Abenteuern daselbst herrschte. Wir haben daher auf das Zeugniss der beiden genannten Geographen in Betreff der Mündung des Dscheihun ein besonderes Gewicht zu legen.

Vergleichen wir die Nachrichten der beiden von uns angeführten Geographen über den untern Lauf des Dscheihun mit unserer eige-nen Kenntniss der gegenwärtigen Verhältnisse des Amu innerhalb des Khanats Khiva, so ergiebt sich vor Allem, dass während neun Jahrhunderte eine Verrückung des Flussbettes nach rechts stattgefun-den haben muss. Die Hauptstütze für eine solche Annahme bietet die gegenwärtige Lage von *Kæt*, welches an einem, dem Kanale Jarmysch nach links entströmenden Arme liegt. Dieses Städtchen Kæt (vergl. Basiner's Reise S. 153) hat unzweifelhaft seinen Namen von dem alten Kâth geerbt, welches nach el-Birûni, der sein Geburtsland, dessen Geschichte er auch geschrieben, gewiss genau kannte, in der ersten Hälfte des XI. Jahrhunderts bereits auf das linke Ufer des Dscheihun verlegt worden war. Auf der rechten Seite des Kanals Jarmysch, fast unmittelbar hinter demselben, zieht sich parallel mit ihm von Südost nach Nordwest ein Streifen wüsten Landes, auf dessen rechter Seite der Kanal Kilitsch-Nijaz-Bai in paralleler Richtung fliesst. Die Spuren eines der alten Bette des Amu-Darja, welche auf einer im Jahre 1831, auf Grund der Aussagen von Russen, die in Khiva gewesen, zusammengestellten und von Herrn R. Lenz seiner obenangeführten Schrift beigelegten Karte angegeben sind, ziehen sich zwischen Kæt und dem nördlich von ihm an einem Arme des Kilitsch-Nijaz-Bai gelegenen Städtchen Gürlen. Hier also floss wahrscheinlich der Dscheihun im X. und XI. Jahrhundert. Das alte Kâth muss südlich von Gürlen auf dem rechten Ufer des erwähnten alten Flussbettes gelegen haben. Gegenwärtig fliesst der Amu ungefahr zwanzig Werst von Kæt. Oberhalb Gürlen nähert sich sein gegenwärtiges Bette dem erwähnten alten, und ich nehme daher an, dass der Fluss, wie er bei dem alten Kâth am rechten Ufer nagte, solches auch oberhalb desselben that. Als wir 1858 von Qungrád bis Neu-Urgendsch den Amu hinauffuhren, konnte ich das zerstörende Wirken des Flusses gegen sein rechtes Ufer an einigen Stellen bemerken. Leider landeten wir selten am rechten Ufer. Die Veränderung des Flussbettes, d. h. seine Ablenkung nach rechts, wird also in *dem* Theile des Laufes des Amu stattgefunden haben, in welchem sich gegenwärtig die Kanäle Schawat, Jarmysch und Kilitsch-Nijaz-Bai abzweigen. In den Jahren 1372 und dem folgenden unternahm Timur einige Feldzüge gegen Khoarezm; gleich in dem ersten wurde das befestigte *Kât* belagert und eingenommen. Timur, von Samarkand kommend, gelangte an den Dscheihun, noch ehe er Kât erreichte, an einem Orte, welcher *Se-paje* (die drei Stufen? wahrscheinlich eine Stelle des Flusses, wo drei Inseln den Uebergang erleichterten) genannt wird. Auf dem weiteren Marsche von Kât gegen die Hauptstadt von Khoarezm, Urgendsch, wird ein Kanal von Gürlen erwähnt. Also zu Timur's Zeit floss der Amu östlich von Kât und Gürlen, wie auch jetzt. Ibn Batuta, welcher Urgendsch drei Jahrzehnte vor Timur's erwähntem Zuge besuchte, berührte auf seiner Reise von dort nach Bukhara auch Kât. Sein Reisebericht ist an dieser Stelle sehr dürftig. Wir erfahren nicht, wo er über den Fluss setzte. Auch in der Gegend von Urgendsch wurde schon in früher Zeit der zerstörenden Einwirkung des Dscheihun auf das rechte Ufer erwähnt. Zur Zeit der ersten Einfälle der Araber in Khoarezm wird die Stadt *Fil* von ihnen eingenommen. Dieselbe, wie Jâqût aus el-Bi-rûni's Geschichte von Khoarezm anführt, wurde später *el-Mansura* genannt und lag am rechten Ufer. Als das Wasser den grössten Theil des Erdbodens wegführte, gingen die Einwohner auf das ge-genüberliegende Ufer und erbauten *Gurgandsch*, welches nach dem arabischem Geographen *Dimeschqi*, (schrieb im Anfang des XIV. Jahrhunderts) Anfangs ein Dorf war und später als Stadt, wie schon angeführt, von den Arabern el-Dschordschânija genannt wurde.

Dass der Amu vor dem zehnten Jahrhunderte einen Arm in's Kaspische Meer gesandt habe, ist gar nicht wahrscheinlich, denn alle positiven Nachrichten, die wir bis zu dieser Zeit über seinen Lauf haben, schweigen von einem solchen Arme. Wie Jstakhri, Ibn Hauqal, Moqaddesi, ebenso wissen Edrisi und Dimeschqi nichts von einem ins Kaspische Meer fallenden Arme des Dscheihun. Auch Reisende, welche die Gegend zwischen den Niederungen der Wolga und des Amu bereisten, wissen nichts von einem solchen Arme. Jâqût, welcher Ahmed Ibn Fadhlan's Bericht über eine von diesem in den Jahren 921 — 922 unternommene Reise von Bagdad über Khoarezm zum Itil (der Wolga) in's Land der Khazaren und Bulga-ren vielfach benutzt hat, hätte gewiss nicht unterlassen, in seinem geographischen Wörterbuche von einem ins Kaspische Meer mün-denden Arme des Dscheihun zu reden, wenn eines solchen in dem Reiseberichte erwähnt worden wäre. Ibn Batuta, welcher vier Jahr-hunderte nach Ibn Fadhlan's Reise, aus der Hauptstadt der Goldenen Horde, Sarai an der Achtuba, in der Nähe der Wolga, über Sarai-tschik an der Mündung des Ural, nach Dschordschanija reiste, legte den Weg von Saraitschik bis Dschordschanija in dreissig Tagen zu-rück. Er reiste in einem Wagen, vor den Kameele gespannt waren. Halt wurde nur auf zwei Stunden täglich gemacht: einmal des Mor-gens um zehn, das andere Mal bei Sonnenuntergang. Wasser, sagt er, fand sich in dieser Wüste nur an bestimmten Orten, alle zwei oder drei Tage, entweder Regenwasser oder Brunnenwasser. Ibn Batuta scheint ungefähr denselben Weg eingeschlagen zu haben, den vier Jahrhunderte nach ihm der unglückliche Fürst Bekewitsch-

Tscherkasskij auf seinem Zuge von Gurjew, in dessen Nähe die Ruinen des alten Saraitschik sind, ins Khanat Khiva mit seinen Truppen zog; die Rasttage abgerechnet, brauchte dieser fast ebenso viel Zeit wie Ibn Batuta, um das cultivirte Land zu erreichen. Letzterer hätte auch gewiss des in das Kaspische Meer mündenden Armes erwähnt, wenn ein solcher zu seiner Zeit vorhanden gewesen wäre.

Herr Professor Lenz hat unter den Zeugen für eine Mündung des Amu ins Kaspische Meer auch Hamdullah Mustaufi Qwazwini, den Verfasser einer in persischer Sprache geschriebenen Geographie von Irân (Persien) angeführt. Dieser rewähnt in derselben auch des Dscheihun's und des Aral-See's, den er, wie die arabischen Geographen, See (kleines Meer) von Khoarezm nennt. Hamdullah Qazwini ist aber, wo er nicht von seinem Wohnorte und dessen Umgebungen redet, als Compilator zu betrachten, wie auch das lange Verzeichniss der von ihm benutzten Schriften, welches er giebt, schon andeutet. Wie kritiklos er in seiner Compilation verfährt, ist ohne viel Mühe aus dem, was er über den Dscheihun sagt, zu ersehen. Seit Istakhri's und Ibn Hauqal's Zeit war bekannt, dass der Dscheihun beim Orte Khalidschân, wo Fischer wohnten, in den Aral-See mündete. Qazwini kennt auch Khalidschân als einen Aufenthaltsort von Fischern, versetzt ihn aber an das Kaspische Meer! Was er von dem Wasserfalle erzählt, den der Fluss, nachdem er Khoarezm verlassen, bilden solle, ist wohl auf die Fabel, die bei Strabo zu lesen ist, zurück zu führen. Dieser führt folgenden Bericht, der ihm selbst unwahrscheinlich schien, an: «Am Meere (es ist hier vom Hyrkanischen Meere, wie der südliche Theil des Kaspischen Meeres bei den Alten hiess, die Rede), liegen einige unterhöhlte Küstenwände, zwischen welchen und dem Meere sich unten ein niedriger Strand findet. Die von den höheren Abhängen herabkommenden Flüsse strömen nun mit solcher Gewalt vorwärts, dass sie, an den Küstenwänden angelangt, ihr Wasser in's Meer hinausschleudern, den Strand aber unbenetzt lassen, so dass diesen selbst Heere, vom Stromfall überwölbt, passiren können» u. s. w. (Vgl. auch Polybius 10, 45.)

Noch unkritischer als Hamdullah Qazwini ist der Verfasser der türkischen Geographie, welcher den Ersteren excerpirt hat. Auf einer seiner Karten, auf welcher Khoarezm dargestellt ist, macht er aus den zwei Flüssen Amu und Sir sechs Flüsse!

Die Nachrichten der klassischen Autoren über die Mündungen des Oxus und Jaxartes sind ebenfalls mit Reserve aufzunehmen, weil

sie den Aral-See nicht kannten. Dieser Unkenntniss wegen waren sie
genöthigt, beide Flüsse in das Kaspische Meer münden zu lassen.
Wie Herr v. Baer bereits bemerkt hat, liegt uns kein einziger Reisebericht von Griechen und Römern vor, der die Gegenden des unteren Laufes eines dieser Flüsse beschriebe. Uebrigens sind die Araber nicht die Ersten, denen der Aral-See bekannt war. Schon im VI.
Jahrhundert, um das Jahr 569, ging an seinem westlichen Ufer der
Gesandte des byzantinischen Kaisers Justin II., Zemarchos, als er von
seiner Reise zu Dizabul, dem Khakan der Türken, zurückkehrte.
Von Talas, an dem das heutige Aulie-ata liegt, ging er ins Land
der Choalitoi, wo ihn seine vorausgesandten Gefährten erwarteten.
Nachdem er in der choalitischen Hauptstadt verweilt hatte, ging er
über den Fluss, den Menander, sein Berichterstatter, O'ich nennt;
darauf zog er durch befestigte Städte, bis er zu einem grossen und
breiten See gelangte. Hier verweilte er drei Tage, schickte einen
Boten auf einem kürzeren, jedoch ganz wüsten Wege in die Heimath,
ging selbst aber während zwölf Tage am Ufer des erwähnten See's.
Auf beschwerlichem Wege gelangte er an die Ufer des Flusses Ich,
dann des Da'ich und südlich durch verschiedene Sümpfe an den Fluss,
den Menander Attil nennt. Dieser Fluss ist unzweifelhaft der Itil —
die Wolga, wie der Da'ich der Jaik oder Ural ist. Der vorherge-
nannte Fluss wird die jetzige Emba gewesen sein. Zemarchos zog
also denselben Weg, den acht Jahrhunderte später Ibn Batuta, nur in
entgegengesetzter Richtung, ging. Dass der O'ich, über den er, nachdem er die Hauptstadt der Choalitoi verlassen, hinübersetzte, kein anderer Fluss als der heutige Amu gewesen, geht auch aus dem Namen,
den er in dem Reiseberichte führt, hervor. O'ich steht hier für Veh,
wie der Oxus bei den Armeniern zur Zeit der Sassaniden hiess, deren
Dynastie damals, als Zemarch reiste, in Persien herrschte. Auch die
Chinesen nennen den Oxus mit einem, dem Veh ähnlichen Namen:
Oueih. Der Veh entspricht dem Ochus der Alten, während der Name
Oxus auf Wakhsch, wie noch lange einer der Quellflüsse des Amu und
bei el-Birûni der Letztere selbst hiess, zurückzuführen ist. Ochus und
Oxus sind meiner Ansicht nach zwei verschiedene Namen für einen
und denselben Fluss, von denen der eine für den oberen Lauf,
der andere für den unteren gebräuchlich war. Daher sind die Bemü-
hungen, den Ochus zu localisiren, so unglücklich ausgefallen. Für den
Iranisten sind auch die Etymologien beider Namen ganz deutlich.
Unter Choalitoi bei Menander hat man aber Choarezmier sich zu
denken. Die Endung — toi ist griechischer Zusatz; bleibt also Choali-

für Khoari-, ohne-zem, welches, wie ich im Anfange dieses Artikels erklärt habe, Land bedeutet. Die Choalitoi sind die Chwalissi der russischen Chroniken.

Humboldt und Klaproth hatten in dem in Zemarch's Reiseberichte erwähnten grossen See den Aral-See erkannt. Sie liessen aber an seinem nördlichen Ufer den byzantinischen Gesandten ziehen und erklärten den O'ich für den Jaxartes. Von Talas kommend, brauchte aber Zemarch gar nicht über den heutigen Sir zu setzen, um an das Nordufer des Aral-See's zu gelangen. Eine andere, auch von Herrn Prof. Lenz angenommene Erklärung der Marschroute lässt ihn von Talas an den See Balkasch gehen und dann über den Irtisch, der der O'ich sein soll, setzen. Bei diesem Erklärungsversuche ist aber der Umstand aus dem Auge gelassen, dass in dem Reiseberichte bei Menander erst der O'ich und dann der grosse See erwähnt wird. In meiner Ansicht stimme ich mit dem in der historischen Geographie sehr bewanderten neuesten Herausgeber der Reisen Marco Polo's überein. Ich hatte mir dieselbe gebildet, ehe mir noch Capitain *Yule*'s ausgezeichnetes Werk «Cathay and the way thither» (London. 1865, 2 Bände, 8°) bekannt war, da die Ausgaben der Hakluyt Society auf dem Continent sehr selten sind.

Auch befinde ich mich im Widerspruche mit dem hochverehrten Präsidenten der Londoner Geographischen Gesellschaft Henry Rawlinson, wenn er ein periodisches Verschwinden des Aral-See's und ein wiederholtes Abfliessen des Oxus in das Kaspische Meer annimmt. Die von dem verstorbenen Murchison und vom Capitain Yule vorgebrachten Gegengründe (in den Proceedings der Londoner Geographischen Gesellschaft für 1866—1867, vol. XI. S. 203—216) halte ich für vollkommen stichhaltig.

Es bleibt mir jetzt noch übrig, die Nachrichten, die sich in Abulghâzi's Geschichtswerke über den Amu finden, zusammen zu stellen. Da ich keine Abhandlung über die Geschichte dieses Flusses zu schreiben beabsichtige, werde ich mich nur auf die wichtigsten seiner Mittheilungen beschränken.

Die Hauptstelle bei Abulghâzi ist die, welche S. 207 der neuen Ausgabe (Histoire des Mongols et des Tatares par Aboul-Ghâzi Béhadour Khan. Publiée, traduite et annotée par le Baron Desmaisons. T. I. Texte. St.-Pétersbourg, 1871.) sich findet und auf die Mitte der ersten Hälfte des XVI. Jahrhunderts sich bezieht. Es heisst dort: «Zu jener Zeit, wenn man von Urgendsch zu den Abul-Khan-Bergen (dem heute Balkhan genannten Gebirge) sich begab, ging man von

Zeltlager (A'ul) zu Zeltlager, weil der Amu-Strom, nachdem er an den Mauern von Urgendsch vorübergekommen, zum Fusse des östlichen Abhanges der Abul-Khan-Berge floss, worauf er Anfangs eine südwestliche, später eine westliche Richtung nahm und endlich, bei Ogurdscha (der Insel, welche in der Breite von Lenkoran gegenüber der Khivenser Bai liegt) angekommen, sich in's Meer von Mazanderàn ergoss. Auf beiden Seiten des Amu-Stromes gab es bis Ogurdscha in ununterbrochener Reihe Felder, Weingärten und Baumpflanzungen. Im Sommer zogen sich die Einwohner auf die höher gelegenen Orte zurück, indem sie während der Zeit der Mücken und Stechfliegen ihre Heerden um eine oder zwei Tagereisen (vom Flusse entfernt) zu den Brunnen trieben; wenn die Zeit der Mücken vorüber war, näherten sie sich wieder dem Flusse. Die ganze Ufergegend war gut bebaut und bevölkert. Von Pischgâh[1] bis Qary-Kitschit lebte an beiden Seiten des Stromes der Stamm Adaqly Khizir, von Qary-Kitschit jedoch bis westlich von den Abul-Khan-Bergen der Stamm Ali; von hier aber bis zur Mündung lebten die Tivedschi (Kameelzüchter). Leider bricht Abulghâzi hier die Beschreibung der uns so viel Interesse bietenden Gegend mit den Worten ab: «wollen wir uns nicht weiter von unserm Gegenstande ablenken lassen», und fährt in seiner Geschichtserzählung fort.

Also in der ersten Hälfte des XVI. Jahrhunderts floss der Amu in's Kaspische Meer. Dieser Arm, wie Abulghâzi's Beschreibung deutlich angiebt, wurde fleissig zum Anbau der Ufer benutzt. Seit Timur's Feldzügen nach Khoarezm und seiner dort beim fünften Feldzuge angerichteten Verwüstung waren hundert und fünfzig bis hundert und sechszig Jahre verflossen. Seit jener Zeit mag der von Abulghâzi beschriebene Arm, welcher in das Kaspische Meer mündete, sich gebildet haben, denn nach der erwähnten Verwüstung war auch eine bedeutende Anzahl von Einwohnern auf Timur's Befehl aus dem Lande weggeführt worden. Die aus dem Flusse abgeleiteten Kanäle verbrauchten jetzt gewiss nicht so viel Wasser wie früher. Der bei Urgendsch vorbeifliessende untere Theil des Stromes wurde wasserreicher und der Ueberschuss des Wassers fand einen Weg in südwestlicher Richtung, indem er das im Westen des Aral-See's sich erhebende Plateau von Süden umging. Die von Abulghâzi angegebene Richtung des Amu zum Kaspischen Meere fällt mit dem in den

---

[1] Dieser Ort lag südlich vom Flusse, eine starke Tagereise von Urgendsch entfernt. An ihm gab es Brunnen.

letzten Jahren von der Ostküste des Kaspischen Meeres aus unter-suchten alten Bette (dem Us-boi) so ziemlich zusammen.

Weiter (S. 291 des Textes) berichtet Abulghâzi, dass dreissig Jahre vor seiner Geburt, welche in den Monat Juli des Jahres 1605 (Rebi' I. des Jahres 1014 der Hidschret) fiel, der Amu oberhalb Khâst-Minaresi (des Thurmes von Khâst), vom Orte, welchen man Qara Uighur Tuqai nennt, sich einen Weg bahnte, und von diesem Orte die Richtung zur Festung Tûk nehmend, in den Aral-See (welcher hier •Meer des Sir» genannt wird) mündete. Die Folge da-von war, wie Abulghâzi hinzufügt, dass die Umgegenden von Ur-gendsch wüste wurden. Dessen ungeachtet blieben die Râyat (die Landbauer) hier wohnen. Der Khan und das Heer zogen im Früh-jahr an die Ufer des Flusses, wo man an den Stellen sich aufhielt, welche die geeignetsten zum Ackerbau waren, und nach der Erndte kehrte man nach Urgendsch zurück. Tûk lag, nach anderen Angaben Abulghâzi's, nördlich von Kât und nordöstlich von Urgendsch, einige Stunden von ihm entfernt. Aus dem letzten Umstande ist zu schlies-sen, dass die Mündung des Amu, von welcher Abulghâzi hier redet, im Aibugir gewesen sein muss. Von anderen Mündungen des Amu in den Aral-See ist bei Abulghâzi keine Rede. Nur ein Mal (S. 316) erwähnt er, dass ein Jahr nach dem Tode Isfendiar-Khans († 1643) die Gegend, wo der Amu in den See mündet, den Namen Aral (Flussinsel) erhielt. Dieser Name bestand für das Land an den öst-lichen Mündungen des Amu noch im vorigen Jahrhundert.

Also während zweier Jahrhunderte mag der Amu in's Kaspische Meer geflossen sein, vom Ende des XIV. Jahrhunderts bis 1575. Siebenzehn Jahre früher besuchte der Engländer Jenkinson, von Astra-chan über das Kaspische Meer kommend, Urgendsch. In seinem Reiseberichte spricht er auch von dem Laufe des Oxus zum Kaspi-schen Meere. Er kam in Urgendsch den 16. December 1558 an, nachdem er die Stadt Vezir am 14. verlassen hatte. Diesen Ort nennt er Sellizure, was wohl •schehr Vezir», d. i. die Stadt Vezir heissen soll. Dass er eben Vezir meint, schliesse ich aus seiner An-gabe, dass daselbst ein Fürst, den er *Asincan* nennt, residirte. Dieser Letztere kann nur der Hadschim-Khan (zusammengezogen aus Had-schi-Muhammed Khan) des Abulghâzi sein, welcher nach dem ge-nannten Historiker im Jahre 965 der Flucht Khan geworden war. Das eben genannte muhammedanische Jahr begann den 24. October 1557. Nach Abulghâzi hatte er als Apanage Vezir erhalten, während Ali-Sultan Urgendsch, Kât und Hezarasp erhielt. Diesen Ali-Sultan fand Jenkinson in der That in Urgendsch. Ich führe diese Thatsachen an, weil Zweifel darüber ausgesprochen worden sind, ob Jenkinson die Reise nach Urgendsch gemacht habe. Diese Details sind wohl geeignet solche Zweifel zu beschwichtigen. Bei Gelegenheit seiner Anwesenheit in Vezir, welches nach Abulghâzi südlich vom Qir an dem zum Kaspischen Meere fliessenden Arme des Amu, also westlich von Urgendsch lag, bemerkt Jenkinson: «Die Residenz des Khans liegt auf einem hohen Berge. Im Süden des Schlosses ist flaches Land, das sehr fruchtbar ist und worauf viele gute Früchte wachsen, unter andern «Dynie» (Melonen) und «Carbuse» (die Wassermelone, bei uns in Russland «Arbuz» genannt.) Er erwähnt auch des Holcus Sorghum («Jegur», was Tschugara heissen soll). Dann fährt er fort: «Alles Wasser, dessen sie sich im Lande bedienen, ist in Kanälen aus dem Oxus geleitet; daher kommt es, dass er sich nicht mehr ins Kaspische Meer ergiesst, und das Land läuft Gefahr, einstmals zur Wüste zu werden, denn diese Leute werden noch mit ihren Kanälen den Lauf des Flusses ruiniren.»

Zu Jenkinson's Zeit erreichte der Amu das Kaspische Meer also nicht, denn nach seinem Zeugnisse wurde das Wasser des Flusses auf den, an seinen Ufern gelegenen Feldern und Gärten verbraucht. Abgesehen von der Quantität des Wassers, welches der Boden einsog, war durch die zahlreichen Kanäle, die aus diesem Arme hier auf der langen Strecke abgeleitet gewesen sein müssen, die Verdunstungsfläche des Wassers noch bedeutend vergrössert. An der Stelle selbst, wo das Bette des Amu das Kaspische Meer erreichte, scheint Jenkinson nicht gewesen zu sein, denn von der Khivenser Bai wäre er nicht in drei Tagen in Vezir (Sellisure) angekommen. Der Golf, von dem er redet, muss also der Qara-bogaz gewesen sein. Er verliess ihn den 7. October, gewiss Morgens, und langte in Sellisure am 9. (wahrscheinlich Abends) an[1]. Angenommen, die Stelle, wo er an genanntem Golf war, wäre der nordöstliche Winkel desselben gewesen—denn hier hat man sich die geringste Entfernung zwischen dem Qara-bogaz und Vezir zu denken—auch dann hat er dennoch in 3 Tagen (am 7., 8. und 9.) wenigstens 270 Werst (38—39 deutsche Meilen) zurückgelegt, was bei einer Kameelreise wohl möglich war, wenn aber Pferde dabei gewesen sind, nur mit grosser Mühe hat ausgeführt werden können. Von der Khivenser Bai wäre die Entfernung noch bedeutend grös-

---

[1] Ich entlehne die Daten aus der holländischen Uebersetzung bei *Witsen* Noord en Oost Tatarye. Amsterdam, 1785. 3te Ausgabe fol. S. 398.

ser gewesen. Auffallend bleibt, dass Jenkinson von Vezir bis Urgendsch eben so viel Tage (vom 14. bis zum 16. October) nöthig hatte, als er vom Golf bis Vezir brauchte, da Abulghâzi (S. 219) die Entfernung zwischen den beiden Städten zu 6 Agatsch oder Farsakh, was höchstens nur 50 Werst betragen mag, angiebt.

Ich habe mich bei der Frage über den untern Lauf des Amu vielleicht für manchen Leser zu lange aufgehalten. Ausser dem wissenschaftlichen Interesse, welches diese Frage bietet, war ich bei meinen vorhergehenden Auseinandersetzungen noch geleitet von der Rücksicht auf die in letzterer Zeit, namentlich bei uns, wiederholt geäusserten Hoffnungen auf eine, mittelst des Amu herzustellende Verbindung des Aral-Sees mit dem Kaspischen Meere. Eine solche Hoffnung halte ich nicht für berechtigt; es müssten denn die Naturkräfte, welche sich in der Geschichte dieses Flusses bisher geltend gemacht haben, gelähmt werden. Angenommen, es gelänge durch irgend welche Vorrichtungen,—welche übrigens enorme Kosten verursachen würden—, bei Bend das alte zum Kaspischen Meere gerichtete Bette vom Laudân aus wieder mit Wasser in hinreichender Menge zu füllen; werden aber, erlaube ich mir zu fragen, solche Vorrichtungen in dem lockeren Boden der khoarezmischen Niederung längere Zeit bestehen können, wird dann der Fluss, bei seinem beständigen Andringen gegen das rechte Ufer, oberhalb Bend, rechts vom Scheich-Dscheli-Gebirge, nicht neue Bahnen für sich suchen? Wird man auch Vorkehrungen treffen wollen, dass, nachdem das alte Bette wieder ausgefüllt, sich nicht Dasselbe wiederhole, was 30 Jahre vor Abulghâzi's Geburt geschah (s. oben S. 27)? Man wird doch nicht das ganze Bette in steinerne Ufer fassen wollen? Die genaue Kenntniss der Bodenverhältnisse Khoarizm's und des ihn umgebenden Wüstengebiets, welche uns die gegen den Khan von Khiva unternommene Expedition in Aussicht stellt, wird zum nicht geringen Theile zur weiteren Aufklärung der Oxus-Frage beitragen. Das durch die erwähnte Expedition im Publikum für die khoarizmische Niederung erweckte Interesse veranlasst mich, den geneigten Leser zu ersuchen, jetzt noch einige Blicke auf die Vergangenheit dieses Landes werfen zu wollen.

Aus der Zeit der Achæmeniden-Könige Persiens kennen wir von Khoarizm nicht viel mehr als den Namen des Landes (s. oben S. 1). Herodot (III, 93) theilt uns mit, dass die Chorasmier mit den Parthern, Sogdiern und Ariern den sechzehnten District des Perserreiches bildeten, welcher dem Könige dreihundert Talente Tribut zahlte. Bei der Beschreibung des Heeres des Xerxes (VII, 66) giebt derselbe Geschichtsschreiber an, dass die Chorasmier und Parther von *einem* Feldherrn geführt wurden, dass dieselben mit den Sogdern, Gandariern und Dadiken dieselbe Rüstung wie die Baktrier trugen. Letztere zogen zu Felde mit einer der medischen ganz ähnlichen Kopfbedeckung (Tiaren, d. i. Hüte, welche vorwärts herabfielen), mit Bogen von Rohr, nach Landessitte, und kurzen Lanzen (VII, 64). Weiter erfahren wir nichts von den Chorasmiern, bis zur Zeit des Untergangs des Achæmeniden-Reiches, als Alexander über den Oxus gezogen war, wo sich ihm in Sogdiana ein König der Chorasmier vorstellte. Nach Strabo gehörten die Letzteren zu dem Volke der Massageten und Saken, unter welchen wir uns iranische Stämme zu denken haben. Wie jetzt war auch damals die Oase von Khoarizm von Nomadenvölkern umgeben und die Herrscher des Landes gehörten wohl diesen an. Im zweiten Jahrhundert vor Christi Geburt, wie wir aus chinesischen Quellen erfahren, kam aus dem Innern Asiens ein zahlreiches Volk, die oben (S. 17) erwähnten Da-Yuethi oder Grossen Yuethi, ein Theil der dort zurückgebliebenen Massageten, an den untern Lauf des Oxus und besiegte die Daher, welche südlich vom Oxus bis nach Khorasan lebten. Zu diesen Da-Yuethi werden auch die bei den Byzantinern (Priscus) im V. Jahrhundert erwähnten Hunni Cidaritae, mit welchen der Sassanide Firûz (Perozes) Krieg führte, zu zählen sein. Diese Cidariten treten vier Jahrhunderte später, als die Araber die transoxanischen Länder sich unterwarfen, in Khoarizm unter dem Namen Kerder und Kurder (bei Ibn-al-Akhir und Jâqût) wieder auf. Ihre Sprache soll sich von der der Khoarizmier und der Türken unterschieden haben. Oben (s. S. 16), bei der Beschreibung von Khoarizm nach Istakhri und Ibn Hauqal, haben wir der Städte Kurder und Kerderân-Khvast (bei Abulghâzi Gerden Khâst) erwähnt, welche ihre Namen gewiss von dem bei den Byzantinern Cedariten genannten Volke haben. Der Name Kerder ist auch auf einen, seit dem vorigen Jahrhunderte Russland unterworfenen Stamm der Qazaq übergegangen. Die türkischen Stämme haben sich bei ihrem Vordringen nach Westen gewiss die fremden Stämme, welche sich ihnen unterwerfen mussten, assimilirt. Noch jetzt findet man unter Qazaq und Qirgiz zahlreiche Genossenschaften, die in ihrem Aeussern einen von dem allgemein türkischen abweichenden Typus bieten. Als im VI. Jahrhundert (vgl. oben S. 24) die Länder am Oxus dem Khakan der Türken unterworfen waren, war der König der Choalitoi, in denen ich Khoarizmier erkenne, auch von ihm abhängig, wie

deutlich aus dem Berichte Menanders über die Rückreise des Zemarchos hervorgeht, denn dieser nahm einen choalitischen Gesandten
nach Byzanz nur mit Erlaubniss des türkischen Gewalthabers mit.

Ich habe schon früher (S. 22) des khoarizmischen Historikers el-
Birûni erwähnt, dessen Werk über die Geschichte von Khoarizm für
uns aber bis jetzt noch verloren ist. Es wäre für die Wissenschaft
von ganz ausserordentlichem Werthe, wenn dieses Werk, aus dem wir
nur ganz unbedeutende Auszüge kennen, jetzt wieder aufgefunden werden sollte. El-Birûni, mit seinem vollen Namen Abu-Reihân Muhammed
der Birûnier, der Khoarizmier, war aus dem Grenzlande von Khoarizm
gebürtig. Von seinen zahlreichen Schriften (24 werden genannt) sind
nur wenige für uns jetzt zugänglich; doch auch von diesen wurde
bisher nur seine Geschichte von Indien, wo er einige Zeit gelebt,
ausgebeutet. Indess wird die Veröffentlichung des Erhaltenen hoffentlich in einiger Zeit beginnen, da Herr Professor Dr. Sachau in
Wien diese Arbeit unternommen hat. Meister Abu Reihân —so wird el-
Birûni von denen, welche ihn als Gewährsmann anführen, genannt—ist
eine zu merkwürdige Erscheinung in der Kulturgeschichte des Orients,
als dass hier, wo von seinem Vaterlande die Rede ist, seiner Lebens-
umstände und seiner Schriften nicht erwähnt werden sollte. Er war
geboren im Jahre 360 der Flucht (970—971 nach Chr. Geburt). El-
Birûni war sehr befreundet mit dem damaligen Khoarezm-schâh
und wurde von demselben einer Gesandtschaft an den Hof von
Ghazni attachirt. Mit ihm ging auch der berühmte, aus dem untern
Stromgebiete des Jaxartes gebürtige Philosoph *al-Farâbi*, dem vor
einigen Jahren Herr Dr. Steinschneider eine höchst werthvolle Abhandlung, die von der hiesigen Akademie der Wissenschaften veröffentlicht wurde, gewidmet hat. In Ghazni trat el-Birûni in die Dien-
ste des Mahmud-ben-Subuktegin und begleitete dessen Sohn Mas'ûd
nach Indien. Er starb 430 (1038 — 39), nachdem er, wie es scheint,
die letzten Jahre seines Lebens in seinem Vaterlande zugebracht
hatte. Der Kreis seiner wissenschaftlichen Thätigkeit war ein sehr
ausgebreiteter. Hauptsächlich war er Mathematiker und Astronom,
dann Logiker, Naturforscher und Arzt. Als Logiker erhielt er den
Beinamen »der Exacte« (el-Mahaqqiq) wegen der strengen Folge-
richtigkeit seiner Deductionen. Dass er ein sehr klarer Kopf war,
habe ich aus der Lectüre seiner populären Astronomie, die er in
persischer Sprache für eine khoarezmische Dame (Reihana, die
Tochter des Khoarezmiers Hassan), auf ihren Wunsch verfasst hat,
mich überzeugen können. Ich verdanke die Mittheilung der einzigen

bisher bekannten Handschrift dieses werthvollen Werkes der freund-
lichen Güte des Herrn Directors der Pariser Schule für lebende asia-
tische Sprachen und Ersten Secrétaire-Interprète der französischen
Regierung *Ch. Schefer*, der in der Welt der europäischen Orientalisten
wegen der ausserordentlichen Liberalität, mit welcher er über seine
während eines vieljährigen Aufenthalts in der Türkei, Aegypten und
Syrien gesammelten handschriftlichen Schätze verfügt, rühmlichst
bekannt ist. Um seine Schülerin in das Studium der Astronomie ein-
zuführen, beginnt el-Birûni mit den Elementen der Geometrie und
geht dann zur Arithmetik über, wonach er erst die Sternkunde dar-
legt. Dabei versäumt er es nicht, das Nothwendigste aus der mathe-
matischen und physischen Erdkunde so wie über die Zeitrechnung
und das Kalenderwesen bei verschiedenen Völkern mitzutheilen. Ich
bin überzeugt, auch unsere heutigen Damen würden bei Meister Abu-
Keihân mit gutem Erfolge Geometrie und Arithmetik treiben
können und eben solchen Gefallen wie seine schöne Schülerin —
wahrscheinlich war sie schön, denn noch heute haben die Augen der
Khârezmierinen einen gefährlichen Glanz — an einem Studium der
Astronomie finden, welches über die Kenntniss der Sternbilder hinaus-
führt. Zahlreiche Zeichnungen veranschaulichen das Vorgetragene.
Für mich haben freilich besonderes Interesse jene Mittheilungen
über die Zeitrechnung und das Kalenderwesen, da sie auch die Kalender der alten Sogdier und Khoarezmier berühren. Das Kalenderwesen verschiedener Völker des Alterthums wurde von el-Birûni
auch zum Gegenstande einer besondern Schrift gemacht, deren
Uebersetzung und Herausgabe wir von Herrn Sachau erwarten.
Ausserdem ist noch sein *Canon Masudicus*, ein astronomisch-geogra-
phisches Werk, das von dem arabischen Geographen *Abulfeda* (lebte
im XIV. Jahrhunderte) und unserm Zeitgenossen, dem Orientalisten
Sprenger benutzt worden ist, zum Theil erhalten. Er hat es seinem
Gönner, dem Sultan Mas'ûd gewidmet. Die meisten seiner Werke
schreibt el-Birûni arabisch. Persisch hat er, wie es scheint, nur die
erwähnte populäre Astronomie geschrieben, von der er, nach der
Aehnlickeit des Inhalts zu schliessen, auch eine arabische Ausgabe
besorgt hat, die in der Bodlejana handschriftlich sich vorfindet.

El-Birûni kannte die Sprache seines Landes und daher ist es besonders zu bedauern, dass die von ihm verfasste Geschichte von Khoarezm uns nur aus den dürftigen Fragmenten, die sich bei Baîhaki, dem
Geschichtsschreiber der Fürsten von Ghazni, erhalten haben, bekannt ist.
Diese Sprache war ein besonderes iranisches Idiom, wie mehrfache

Zeugnisse beweisen, und hat sich bis in's XI. Jahrhundert nach Chr.
Geb. noch als Schriftsprache erhalten. Was in seiner Schrift über
das Kalenderwesen der alten Völker und in seiner populären Astronomie über die Zeitrechnuug und die Feste der Sogdier und Khoarezmier mitgetheilt wird, lässt annehmen, dass ihm die alte Geschichte der transoxanischen Länder genau bekannt gewesen sein
muss. Von desto grösserem Werthe für die Kulturgeschichte ist das,
was Abu-Reihân uns über den Kalender und die Feste der Khoarezmier mittheilt. Ihre Kultur war gewiss nicht jünger als die altbak-
trische, oder derselben entwachsen. Ihre Aera soll 980 Jahre vor der
Seleucidischen angefangen haben, also 1304 vor Chr. Geb. In einem
Lande, wo der Ackerbau früh sich entwickelt hat, musste auch geistige Bildung früh gedeihen. Ausser religiösen Festtagen gab es bei
den alten Khoarezmiern auch nationale Festtage.

Die Araber scheinen bei ihrer Herrschaft über Khoarizm in die
innere Verwaltung des Landes nicht tief eingegriffen zu haben: es
behielt, wie der erwähnte Ab'ul-Fadhl Baihaki († 470 = 1077) bemerkt, seine besonderen Fürsten unter den Omejaden und Abbasiden
und es gehörte nicht zur khorasanischen Provinz wie Khotlan, Tscha-
ganian am obern Laufe des Oxus. Als das Haus Subuktegîn Khoarizm in der ersten Hälfte des XI. Jahrhunderts eroberte, hatte dort
das Haus der Mamûnier geherrscht, nachdem es in der zweiten Hälfte
des X. Jahrhunderts das Fürstenhaus, welches bis dahin in Kâth regiert hatte, gestürzt hatte. Die Macht der Samaniden in Bukhara, die
ihren Einfluss auch auf das untere Stromgebiet des Oxus theilweise
geltend zu machen gewusst, neigte sich zu ihrem Ende. Die Ghuzzen
im Norden (am untern Yaxartes) und die Fürsten von Ghazna im
Süden hatten das Haus Saman's zu schwächen gewusst. Unterdessen
war die Macht der Seldschuken, welche aus dem untern Flussgebiete
des Sir stammten, emporgewachsen und dieselben hatten, wie der
vortreffliche Deguignes sich ausdrückt, den Hohenpriester der Musel-
männer, d. i. den Khalifen, zu ihrem Sklaven gemacht. Vor dieser
Macht beugte sich auch die der Fürsten von Ghazna und in den
sechsziger Jahren des XI. Jahrhunderts sehen wir schon den Sohn
Alp-Azslans, Malek-schäh, als Statthalter in Khoarizm. Am Ende desselben Jahrhunderts erhielt unter dem Sultan Barkiarok der Sohn eines
türkischen Sklaven, Quthb-ed-din Muhammed, die Statthalterschaft
daselbst mit dem Titel eines Khârezm-schäh. Er wusste sich die An-
hänglichkeit der Einwohner des Landes zu gewinnen und, wie manche
orientalische Herrscher, welche nach Macht streben, versammelte er

viele Gelehrte an seinem Hofe, die er durch Freigebigkeit an sich zog. Die Khârezm-schâhe wurden den Seldschuken-Sultanen bald gefährlich und zuletzt die Erben ihrer Macht, welche sie erst mit dem Einfall Dschingizkhan's einbüssten. Wie schon erwähnt, kam Khârezm an die Dschudschiden, die ihre Residenz in Sarai am untern Wolga-Gebiet hatten. Unter den Münzen dieser Dynastie sind viele, die als in Khârezm geprägt bezeichnet sind. Wahrscheinlich war Urgendsch, das alte Dschordschanija, die Münzstadt.

Ich habe mich auf kurze Andeutungen über die Schicksale des khoarizmischen Landes beschränkt, um den Leser nicht mit der Erzählung der blutigen Kriegsbegebenheiten, an welche diese Schicksale geknüpft sind, zu ermüden. Ich habe früher dreier Reisenden erwähnt, die zu verschiedenen Zeiten Khârezm besucht und uns Berichte über ihre Besuche in diesem Lande hinterlassen haben. Ich hoffe, dass die Mittheilung der Eindrücke, welche diese Reisenden dort empfingen, dem Leser mehr Interesse bieten werden, als die Berichte der muhammedanischen Geschichtsschreiber, die meist nur von Schlachten und Hinrichtungen zu erzählen wissen.

Ahmed Ibn Fadhlan (s. oben S. 12) kam auf seiner Reise aus Baghdâd über Bukhara zur Wolga nach Khoarizm. Er besuchte zuerst Kâth, dann Dschordschanija. „Von Bukhara", sagt er, wie Jâqût anführt „reisten wir nach Khoarizm und dann nach Dschordschanija hinunter." Gewiss ist hier unter Khoarizm die Hauptstadt Kâth zu verstehen. „Zwischen diesen beiden Orten, fährt er fort, sind zu Wasser 50 Farsahk." Also zwischen Kâth und Dschordschanija—was aber unmöglich richtig sein kann, es müsste denn der Dscheihun damals sehr viel Krümmungen gemacht haben? Von der Sprache und den Sitten der Khoarizmier ist Ibn Fadhlan nicht sehr erbaut: Erstere vergleicht er mit dem Quacken der Frösche und die Einwohner zählt er zu den rohesten Völkern. Er wird wohl wegen seiner Unkenntniss der Landessprache Manches zu leiden gehabt haben: ich habe oft bemerkt, dass Leute, die ein Land besuchen, dessen Volkssprache sie nicht kennen, zu einem sehr ungünstigen Urtheile über dasselbe geneigt sind. Dazu reiste er im Winter, denn den Dscheihun fand er gefroren. Das Eis auf dem Flusse soll für Pferde, Maulesel und Lastwagen während dreier Monate betretbar sein.,, Wir haben", berichtet Ibn Fadhlan weiter, „eine Stadt gesehen, von der wir nicht anders glaubten, als dass das Thor von Eis sei, und wenn der Schnee fällt, ist er immer von heftigem Winde begleitet. Will Jemand einem Andern einen Gefallen oder eine Wohlthat erweisen, so sagt er, komm mit mir, wir wollen zusammen plaudern, bei mir ist ein hübsches Feuer." Dabei bemerkt Ibn Fadhlan, dass das Holz in Khoarizm sehr billig sei, ein Wagen voll, welcher dreitausend Pfund wiegt, kostete nur zwei Dirhem. Jâqût bemerkt dazu, für Ibn Fadhlan's Zeit möge das seine Richtigkeit gehabt haben, als er aber dort gewesen, hätten hundert Kilo drei Dinare gekostet. Diese beiden Zeugnisse aus verschiedener Zeit — drei Jahrhunderte liegen zwischen der Reise Ibn-Fadhlans und der Reise Jâqûts nach Khoarizm — sind bemerkenswerth. Sie zeigen von dem frühern und ziemlich rasch geschwundenen Holzreichthum des Landes. Auch aus dem elften Jahrhunderte nach Chr. Geb. wird berichtet, dass ein Theil der von den eingefallenen Feinden geschlagenen Khoarizmier Schutz in den *Wäldern* gesucht habe. Eben so giebt es Andeutungen, dass im mittlern Laufe des Dscheihun, um Bukhara herum, das Holz vor dem elften Jahrhunderte nicht so selten war, wie jetzt.

Günstiger, als Ibn Fadhlan, urtheilt Jâqût über Khoarizm. Ungeachtet der ausserordentlichen Kälte, die im Winter dort herrsche, — bemerkt er, — sei es ein liebliches Land. Ein schöneres, besseres habe er nicht gesehen. Ein solches Urtheil will viel sagen bei einem Manne, der selbst aus Griechenland stammte, seine Jugend im fruchtbaren Mesopotamien zugebracht und grosse Reisen gemacht hatte. Ungeachtet des steinigen (?) und trockenen Bodens sei Khoarizm reichlich bewässert und ohne Unterbrechung bestellt. Die Dorfschaften, aus einzeln stehenden Häusern bestehend, lägen nahe bei einander; selten erblicke man in den weiten Gefilden eine unangebaute Stelle. Dazu komme die grosse Menge von Bäumen, besonders der Maulbeerbaum und die Weide. In dieser lieblichen Landschaft wäre der Verkehr ein so belebter, dass kein Unterschied wahrzunehmen sei, ob man durch Felder oder grosse Marktplätze gehe, dabei wären aber die Bewohner an ein eingeschränktes Leben gewöhnt und hätten geringe Bedürfnisse. — In den meisten Gegenden von Khoarizm waren zu Jâqût's Zeit Städte mit Marktplätzen, wo alle Bedürfnisse der Wirthschaft und des Unterhalts zu haben waren, selten soll ein Dorf ohne Marktplatz gewesen sein. Ungeachtet dieses lebhaften Verkehrs soll allgemeine Sicherheit und vollkommenes Vertrauen im Lande geherrscht haben.

Von den Einwohnern sagt Jâqût, sie seien gelehrt, gebildet, reich, das Leben unter ihnen behaglich und der Unterhalt sei dort nicht schwer zu erwerben. Jâqût urtheilte über die Bildung der Khoarizmier gewiss richtig. Die geistige Thätigkeit, welche zu el-Birûni's Zeit jenseits und diesseits des Oxus in voller Entwickelung war, konnte nicht plötzlich erloschen sein.

Das von den Arabern gestiftete Khalifen-Reich hatte den Gesichtskreis der unterworfenen, grösstentheils iranischen Bevölkerung bedeutend erweitert. Der Islam gab diesem aus verschiedenen nationalen Elementen zusammengesetzten Reiche die Einheit und die öffentliche Sprache; die Träger des Islam's aber, die ungebildeten Beduinen, konnten nicht die Kulturträger in diesem Reiche werden. Die Bildung ging von den unterworfenen Völkern aus, bei denen sie schon im Alterthum Wurzel gefasst hatte und wo sie später noch von der griechischen Philosophie befruchtet wurde. In der Poesie feierte das alte Iran, in Firdusi's grossartiger epischen Schöpfung (dem Schâh-nâmé) seine Regeneration. Im Osten, wo das iranische Element unvermischter fortlebte als im Westen, bildeten sich auch die Centren geistigen Lebens, nachdem die Khalifen von Baghdad zu ohnmächtigen Hohenpriestern herabgesunken waren. Auch am Hofe von Baghdad, waren es zur Zeit seiner Blüthe zum grössten Theile Männer fremder Nationalität (Perser, Juden, Griechen) gewesen, die als Aerzte und Staatsbeamte Einfluss besassen. So sehen wir denn in den Ländern der Fürsten, die mit dem Verfall des Khalifats Selbstständigkeit erlangen, die Koryphäen der Dichtkunst und Wissenschaft leben: einen Firdusi in Ghazna, einen Avicenna, (Ibn-Sina [1], aus Wafkend bei Bukhara gebürtig), einen al-Farâbi, einen Birûni in den Ländern des Oxus und Jaxartes.

---

[1] Sein Vater stammte aus Balkh, dem alten Baktra, und kam als gewandter Geschäftsmann nach Bukhara, wo er vom Samaniden Nuh, dem Sohne Mansurs, zum Steuereintreiber in einer bukharischen Stadt ernannt wurde und eine Eingeborene heirathete. Der junge Ibn-Sina wandte sich anfangs der Rechtswissenschaft zu, erlernte die Rechenkunst bei einem Kohlhändler und ging dann unter der Anleitung eines aus dem Westen Eingewanderten, den er Vater in's Haus nahm, dem Studium der griechischen Philosophie nach. Ibn-Sina überholte bald seinen Lehrer und studirte mit Hülfe eines Commentars die Logik für sich selbst weiter, las den Euklides und den Almagest des Ptolemaeus. Dann wandte er sich mit Eifer der Physik und Metaphysik zu, studirte unter Anleitung eines christlichen Arztes Medicin worüber er die schwersten Bücher las. Er war damals erst 16 Jahre alt. Mit dem achtzehnten Jahre übernahm er die Geschäfte seines Vaters, nachdem er schon als Leibarzt des Emirs von Bukhara fungirt hatte. 22 Jahre alt kam er nach Gorgandsch zum Sultan Ali-Ben-Mamun, wo er auch den el-Birûni kennen lernte, und darauf nach Khorasan ging, einige Zeit in Rei und dann in Hamadan. Ispahan lebte. Er starb im Jahre 1037 nach Chr. Geb. Das berühmteste unter seinen zahlreichen Werken — es werden mehr als hundert aufgezählt — ist der „Canon der Medicin‘‘, von dem schon 1491 eine Hebräische Uebersetzung in Rom gedruckt wurde. 1593 erschien da-

Jâqût besuchte Khoarizm kurz vor dem Einfall der Mongolen. Er verliess das Land, ehe sie noch in dasselbe eindrangen. Etwas mehr als ein Jahrhundert später besucht das von den Söhnen Dschingizkhan's stark mitgenommene Gurgandsch der aus Tanger gebürtige Ibn-Batuta (vergl. oben S. 21).

Er nennt diese Stadt Khoarizm und hält sie für die grösste und schönste Stadt der Türken: die Strassen wären breit, die Gebäude zahlreich, die Märkte schön und die Bevölkerung eine sehr grosse. In der Mitte der Stadt wäre es ihm unmöglich gewesen, zu Pferde durchzukommen. In Urgendsch wohnte der Emir des Khans Uzbek, der Sohn seiner Tante von mütterlicher Seite, Qutlu-demir. Daselbst gab es auch ein Krankenhaus, an welchem ein syrischer Arzt angestellt war. Besonders rühmt Ibn-Batuta die Einwohner: er fand sie grossmüthig und zuvorkommend gegen Fremde, wie er sie sonst nirgend gefunden. Es wurde von der Geistlichkeit streng darauf gesehen, dass alle Leute in der Moschee sich zum Gebete versammelten: wer nicht erschien, wurde vom Imam mit einer Geissel, die zu diesem Gebrauch in jeder Moschee hing, gezüchtigt; ausserdem musste der Schuldige eine Geldbusse von fünf Denaren zum Besten der Moschee oder zum Unterhalt der Armen erlegen. Diese Sitte soll seit langer Zeit in Gebrauch gewesen sein.

Auch Ibn-Batuta spricht davon, dass im Winter, während 5 Monate, der Dscheihun mit Eis bedeckt sei. Im Sommer ginge man zu Wasser bis Termedh (s. oben S. 5), von wo man Weizen und Gerste bringe: die Reise von dort, den Fluss hinab bis Urgendsch, dauere zehn Tage.

In Betreff der Rechtspflege in Urgendsch berichtet Ibn-Batuta Folgendes: jeden Tag erscheint der Kadhi im Audienzsaale des Emirs und setzt sich mit den Rechtsgelehrten und seinen Schriftführern an einem besonders dazu bestimmten Platze nieder. Einer der türkischen Grossen setzt sich mit acht Stammesältesten von seinem Volke nieder, die in Privatsachen ihr Urtheil fällen, während der Kadhi religiöse Rechtsfragen entscheidet. Die Urtheile sollen gerecht gewesen sein.

Ausser einem Geldgeschenk, schickte der Statthalter dem Reisenden aus Tanger Reis, Mehl, Schaafe, Butter, Gewürz und mehrere

---

selbst die arabische Ausgabe. Ausgaben der lateinischen Uebersetzung giebt es gegen dreissig. Mit el-Birûni hatte er gelehrte Controversen. Die meisten seiner Werke sind medicinischen, andere physikalischen, chemischen und metaphysischen Inhalts.

Ladungen Holz, und die Frau desselben, welche eine Schwester des Kadhi war, liess ihm in dem Gebäude einer ihrer Stiftungen ein Fest geben, zu welchem die Rechtsgelehrten und die Aeltesten der Stadt eingeladen wurden. Als Ibn-Batuta das Fest verliess, sah er beim Ausgange eine Frau in schmutzigen Kleidern, verschleiert und von zahlreichen Frauen begleitet. Sie bot ihm den Gruss, er erwiederte ihn und ging darauf seines Weges. Später erfuhr Ibn-Batuta, dass es die Gastgeberin, die Frau des Emirs, gewesen.

Die Melonen von Khoarizm werden von unserm Reisenden sehr gerühmt: ausgenommen die von Bukhara, überträfen sie alle Melonen der Welt. Ich kann in das Lob einstimmen und fand sogar, dass die khoarizmischen Melonen die von Bukhara an Wohlgeschmack, Zuckergehalt und Aroma übertreffen. Doch muss ich bemerken, dass ich in Khiva Melonen im Juli und August, in Bukhara im September und Oktober ass. Hier und dort sind die Arten dieser Frucht sehr zahlreich. Timur, als er in Khoarizm Krieg führte, liess sich Melonen aus Termedh bringen. Als er ein Mal eine Sendung davon erhalten hatte, war er so ritterlich, einige Melonen seinem von ihm belagerten Feinde in kostbaren Gefassen zu schicken. Diese Courtoisie wurde aber nicht gewürdigt. Eine khoarizmische Melonenart mit grüner Haut und gelbem festen Fleisch wurde, in Scheiben geschnitten, an der Sonne getrocknet und, in Körben verpackt, wie trockene Feigen, weit bis nach Indien und China versendet. Keine getrocknete Frucht soll diese getrockneten Melonen an Wohlgeschmack übertroffen haben.

Von Urgendsch ging Ibn-Batuta im Anfang des Winters nach Kâth, von dort nach Bukhara und dann nach Indien. Einige Jahrzehnte nach seinem Aufenthalte in Khoarizm, fanden die Kriegszüge Timurs dorthin statt. Im Frühjahre 1372 unternahm er den ersten Feldzug. Die Gewalt hatte ein gewisser Husein Sôfi, der Sohn Janghadai's aus dem Stamme Qongrad, an sich gerissen und herrschte in Kâth und Khiva. Timur, der damals noch im Namen des Hauses Dschagatais, eines Sohnes Dschingiz-khans, regierte — auf den Münzen wurde noch im Jahre 795 der Flucht = 1392 nach Chr. Geb. über Timur's Namen (Timur Gurekàn) der des Dschagataiden Khan Mahmud gesetzt —, erhob auf Khoarizm Ansprüche im Namen dieses Hauses. Durch eine Gesandtschaft verlangte er die Unterwerfung Husein Sofi's. Dieser gab die stolze Antwort, dass er das Land mit dem Schwerte erobert habe, man möge, wenn man wolle, es ihm auch mit dem Schwerte abnehmen. Darauf schickte Timur seinen Mufti an Husein Sôfi, doch dieser liess den hohen Geistlichen ins Gefängniss werfen. Gewiss machte die isolirte Lage Khoarizms ihn sicher und übermüthig, wie so viele spätere Herrscher des Landes bis auf den gegenwärtigen. Timur, als er von der Einsperrung seines Mufti gehört hatte, zog rasch seine Truppen bei Samarkand zusammen und ging über Bukhara gen Kâth, wo ein Gouverneur Husein Sôfi's befehligte. Die Stadt wurde nach kurzer Belagerung mit Sturm genommen und Timur zog gegen Khoarizm, d. i. Urgendsch. Seine Truppen verwüsteten das Land nach allen Richtungen. Aus Urgendsch schickte Husein einen Boten Timur entgegen und liess durch denselben seine Reue ausdrücken; aber durch einen persönlichen Feind Timur's, Kei Khosru Khotlâni (aus Khotel), der sich ihm zu verbinden versprach, verführt, liess er sich abermals zum Widerstande verleiten. Am Qa'un-Kanal, zwei Farsakh vor Urgendsch, kam es zur Schlacht. Das Heer Husein's wurde bis zur Stadt zurückgeworfen, besetzte dieselbe und wurde von Timur's Truppen dort belagert. Husein starb bald aus Verzweiflung und sein Bruder Jusuf Sôfi wurde sein Nachfolger. Mit diesem schloss Timur Frieden und verlangte für seinen Sohn Dschehangir, die schöne Tochter Aq-Sofi's, eines Bruders von Husein und Jusuf, zur Gemahlin. Ihre Mutter war eine Tochter des Khans der Goldenen Orda, Uzbek. Doch auch Jusuf, nachdem Timur mit seinen Truppen abgezogen war, dachte nicht mehr an den Friedensschluss und Timur musste 1373 einen zweiten Feldzug gegen Khoarizm unternehmen. Kaum hatte er die Wüste durchzogen, so schickte Jusuf Boten und liess um Verzeihung bitten. Timur gewährte ihm dieselbe und im nächsten Jahre kam die Braut Dschehangir's in Samarkand an.

Im Jahre 1376 sah Timur sich von Neuem zu einem Feldzuge gegen Khoarizm veranlasst. Bei Se-paje ging er über den Dscheihun. Bei Kâth vorübergekommen, erhielt er die Nachricht, dass Samarkand, seine Residenzstadt, von Feinden aus dem Lande der Dschete bedroht sei. Er eilte daher zurück. Während Timur, nachdem er zwei Feldzüge gegen die Dschete unternommen hatte, im Norden gegen den Herrscher von Qyptschaq (der Goldenen Orda) Urus-khan beschäftigt war, schickte Jusuf-Sôfi ins Gebiet von Bukhara ein Heer, welches dort plünderte. Timur fertigte an ihn einen Gesandten ab, welcher aber wieder ins Gefängniss geworfen wurde. Darauf liess er ihm einen Brief schreiben, in welchem er ihm Vorstellungen über sein Verfahren machte; doch auch der Ueberbringer des Briefes wurde in Fesseln gelegt und noch dazu eine Räubertruppe gegen Bukhara geschickt, um den dortigen Turkmenen ihre Kameele zu rauben. Im Frühjahr 1379 unternahm Timur den vierten Feldzug gegen Khoarizm. Ueber den Fluss wurde bei Eski-Oegüz gesetzt und die Hauptstadt Jusuf-Sôfi's umzingelt, während einzelne Abtheilungen des Heeres das Land plünderten. Als Timur Jusuf's Vorschlag zu einem Zweikampfe mit ihm annahm, blieb Jener hinter seinen Mauern. Ein Ausfall von Seiten der Belagerten wurde von Timur's Truppen zurückgeschlagen. Drei Monate und 16 Tage dauerte die Belagerung, als Jusuf-Sôfi von Reue über den Leichtsinn, mit dem er sein Glück verscherzt, gequält, starb. Bald darauf wurde die Stadt genommen, obgleich die Belagerten sich tapfer vertheidigten. Die Sieger richteten ein furchtbares Gemetzel an und nahmen eine allgemeine Plünderung vor. Viele grosse Gebäude wurden dabei zerstört. Die Angesehensten der Gelehrten und die geschicktesten Handwerker wurden mit ihren Familien nach Kesch übergesiedelt, an dessen Verschönerung nun eifrig gegangen wurde.

Im Jahre 1388 unternahm der kriegslustige Timur den fünften Feldzug gegen Khoarizm. Als er dem Lande sich näherte, erfuhr er, dass seine Feinde Soliman-Sofi und Ilighmisch-Oeghlan mit ihren Familien die Flucht ergriffen und zu Toqtamysch-khan, dem Herrscher von Qyptschaq, gegangen waren. Er schickte ihnen seinen Sohn Mirânschâh und andere Befehlshaber nach, die, wie aus Scheref-eddin's Bericht zu ersehen, sie auf dem Ust-Urt-Plateau eingeholt haben müssen und ihnen grossen Schaden zufügten. Timur blieb einige Zeit in Urgendsch und liess es dann zerstören und wo es gestanden, Gerste säen. Drei Jahre darauf, als er aus Qyptschaq zurückkehrte, liess er Khoarizm wieder anbauen und die Städte Kât und Khivaq (das jetzige Khiva) mit Mauern umgeben. Das südliche Khoarizm wurde von Timur als zum Ulus der Nachkommen Dschagatai's gehörend betrachtet.

Ueber die Schicksale Khârezms von dem Ende des XIV. Jahrhunderts bis zur zweiten Hälfte des fünfzehnten Jahrhunderts wissen wir Nichts. Damals unternahm der in den Umgegenden des Aralsee's über türkische Wanderhorden herrschende Abul-kheir-khan, der Nachkomme Scheiban's, des Sohnes Dschudschi's, einen Feldzug gegen Khârezm und eroberte die Hauptstadt. Sein tapferer Grosssohn, der Nebenbuhler Baber's um die Herrschaft in Maverannahr, hatte diesen aus dem Felde geschlagen und auch Khorasan an sich gezogen. Urgendsch war damals von Khorasan abhängig, musste aber jetzt einen von Scheibâni-khan ernannten Dârugha in seine Mauern aufnehmen.

Scheibâni-khan zog bereits im Jahre 891 (= 1486) aus der Gegend des untern Sir nach Khârezm, wo Sultan Husein-Mirza, der Herrscher von Khorasan, Machthaber war. Zuerst nahm er *Tersek*, dessen Lage mir unbekannt und das er befestigte, dann wurde *Buldum-saz*, eine befestigte Stadt, deren Ueberreste noch jetzt am Ende des Kanals Kilitsch-Niaz-Bai sich befinden und bewohnt sind, zur Uebergabe gezwungen. Darauf zogen sich Husein-Mirza's Truppen bei *Vezir* zusammen. In einer in dschagataischer Sprache abgefassten Quelle [1], welche wohl als das Original des vom Professor Berezin herausgegebenen sogenannten Scheibâni-nâme zu betrachten ist, wird Vezir (Jenkinson's Sellisure) beständig *schehr Vezir*, d. i. Stadt Vezir, genannt, während beim Nennen anderer Städte das Wort «schehr» weggelassen wird. Früher tritt diese Stadt in den mir bekannten Quellen zur Geschichte des hier behandelten Ländergebietes nicht auf; daher ist mir auch die Zeit ihrer Entstehung, sowie die Veranlassung zu ihrem Namen unbekannt geblieben. «Schehr-i-vezir», d. i. «die Stadt des Vezirs» wird sie wohl ursprünglich genannt sein. Ungeachtet dessen, dass Scheibâni-khan nur 600 Mann bei sich hatte, zwang er das zahlreiche feindliche Heer zum Rückzuge nach Urgendsch, und ging selbst, nachdem er eine Besatzung in Vezir zurückgelassen, zu einem Raubzuge nach Asterabad, von wo er mit reicher Beute zurückkehrte. Unterdessen eilten Husein-Mirza's Truppen aus Urgendsch nach Khorasan, von wo jener seinen Sohn mit einem frischen Heere nach Khârezm zum Entsatz von Vezir sandte, welches von Scheibâni-khan umzingelt war, aber nicht genommen wurde. Erst zwanzig Jahre später (911 d. Fl. = 1505—1506 n. Chr. Geb.) sehen wir Scheibâni-khan wieder in Khârezm, wohin er gegen einen Sprössling derselben Familie, die zu Timur's Zeit eine Rolle daselbst gespielt hatte, gezogen war. Husein-Sôfi behauptete sich in der Hauptstadt von Khârezm — Urgendsch, welches nach einer Belagerung von zehn Monaten von Scheibâni-khan genommen wurde. Dieser setzte einen Gouverneur ein und ging selbst nach Samarkand zurück.

---

[1] Es heisst *Nusret-nâme* (das Buch des göttlichen Beistandes) und hat zum Verfasser einen gewissen Sultan-Veled, der es in den Jahren 908 oder 909 der Hidschret (=1502—1504), also zu Lebzeiten Scheibâni-khans, in Maverannahr in dschagataischer Sprache schrieb.

Nach Scheibâni-khan's unglücklichem Ende in der Schlacht bei Merv, wo er gegen Schâh Ismail Sefi von Persien, welcher ihm den Besitz von Khorasan streitig machte, gekämpft hatte, verfiel Khârezm der Macht des neuen Besitzers von Khorasan. Das Land wurde von drei, vom Schah eingesetzten Gouverneuren regiert, doch nicht lange, denn die sunnitischen Einwohner wollten eine schiitische Herrschaft nicht ertragen und beriefen zwei Brüder aus demselben Geschlechte, aus welchem Scheibâni-khan stammte. Des letzteren Grossvater Abul-kheir-khan stammte im dritten Gliede von Fulâd, welcher seinerseits im fünften Gliede von Scheiban, dem Sohne Dschudschi's und Grosssohne Dschingizkhans abstammte. Fulâd hatte zwei Söhne: Ibrahim und Arab-schâh, welche die vom Vater überkommene Herrschaft über in der aralo-kaspischen Niederung und am Ural-Flusse lebende Uezbegen-Stämme unter sich theilten, aber beisammen lebten. Den Sommer verbrachten sie am obern Laufe des genannten Flusses, den Winter an der Mündung des Sir-Darja. Arab-Schâhs Grosssohn, Timur-Scheich, starb in der Bluthe der Jahre, ohne lebende männliche Nachkommen hinterlassen zu haben, doch soll seine älteste Gemahlin 6 Monate nach seinem Tode eines Knäbleins genesen sein, welcher den Namen Jâdigâr erhielt. Dessen ältester Sohn, Berke-Sultan, war ein Zeitgenosse Abul-kheir-khans, jedoch viel jünger als dieser, der ihn mit dem Neffen seiner jüngsten Gemahlin, einer Tochter Ulugh-beks, also einer Urgrosstochter Timur's, nach Maverannahr gegen den Timuriden Abu-Said Mirza schickte. Berke-Sultan kämpfte glücklich gegen Letzteren am mittleren Sir und in Soghd. Später wurde er der Rivale von Scheibânikhan und ward von diesem getödtet. Seine Söhne blieben ohne Besitzthum. Nach Scheibâni's Tode waren, wie oben bemerkt, die Einwohner von Vezir, wo einer der Statthalter Ismail Sefi's sass, darauf bedacht, sich der Herrschaft der ihnen verhassten Schiiten zu entledigen. Ein frommer Mann machte sie auf die Söhne Berke-Sultan's, Ilbars und Balbars, aufmerksam und sie beriefen den Ersteren, der mit seinem Bruder sich in die Nähe von Vezir begab, dessen Einwohner gegen den persischen Gouverneur revoltirten und ihn mit seinem Gefolge tödteten. Ilbars wurde zum Khan ausgerufen, gab seinem Bruder Jangy-schehr als Apanage und setzte einen Gouverneur in Tersek ein. Diese beiden Städte gehörten zu Vezir; Jangyschehr (Neu-Stadt, kommt schon auf den Dschudschiden-Münzen im Anfang der zweiten Hälfte des XIV. Jahrhunderts vor). Vor Ilbarskhan's Zeit soll, nach Abulghâzi, die Zahl der zur Provinz Vezir gehörigen Städte grösser gewesen sein. Ich habe auf der Karte den Namen der Stadt Vezir mit einem Fragezeichen versehen, weil über die Lage der Ruinen derselben unsere Nachrichten nicht genau sind.

Drei Monate nachdem Ilbars-khan sich in Vezir festgesetzt hatte, eroberte er Urgendsch. Khiva, wo auch ein persischer Gouverneur war, zu nehmen gelang den Uezbegen erst, als sie aus ihrem Stammlande Verstärkung erhielten. Es kamen von dort die Söhne der Brüder Berke-Sultan's nach Urgendsch mit ihren Familien und ihrem Anhange. Von hier aus unternahmen sie Excursionnen in die Umgebungen von Khiva und Hazarasp. Die Qyzylbasch — so werden die Perser von den Sunniten genannt—sahen sich genöthigt, das Land zu verlassen und ausser den beiden genannten Städten fiel auch Kât in die Hände der Uezbegen, welche schon damals allen alten Einwohnern von Khârezm den Namen «Sarten» gaben.

Ich habe in meinem Aufsatze über das russische Turkestan (siehe Russ. Revue, I. Jahrgang, S. 24 — 59) meine Ansicht von dem Ursprunge und der Bedeutung dieses Namens ausgesprochen, jedoch vergessen folgendes gewichtvolle Zeugniss zu Gunsten dieser Ansicht anzuführen. In dem Wörterbuch Abuschka, welches die in Mir Ali Schirs dschagataisch geschriebenen Werken vorkommenden Wörter im Osmanli-Türkischen erklärt, wird *Sart* durch *schehri*, d. i. städtisch wiedergegeben und diese Erklärung bestätigt vollkommen meine Ableitung des Wortes vom altiranischen *kkshatra* = neupersischem *schehr*.

Nachdem die Uezbegen Herren von Khârezm geworden, versäumten sie nicht, auch bald Khorasan anzugreifen. „Schâh Ismail," heisst es bei Abulghâzi, „war damals bereits todt. Die Gouverneure in den persischen Grenzprovinzen im Norden der Khorasanischen Berge, bis Mehine und Derûn im Osten, in Schrecken gesetzt durch die Uezbegen, verliessen ihre Posten und ergriffen die Flucht. Die Uezbegen betrachteten sich daher als Herren eines ausgebreiteten Länderstrichs und jeder Fürst (Türe) hatte sein Gebiet, wo er seine Herrschaft befestigte. Von dort aus machten sie ihre Razzias, theils im Südosten nach Khorasan, theils im Westen nach dem Turkmenenlande am Abulkahn-Gebirge (Balkan) und auf Mangyschlaq."

Die zahlreichen Fürsten aus der Familie Jadigârs lebten nicht sehr einig, im Gegentheil es begann, obgleich immer nur Einer Khan war, ein ununterbrochener Bruderkrieg. Gewöhnlich war der Khan, welcher als Apanage Urgendsch besass, der Beneidete und folglich

der Angegriffene. Die Zwistigkeiten in der Familie gaben bald den
Herrschern von Maverannahr Veranlassung, sich in die khârezmi-
schen Angelegenheiten einzumischen. So wurde Urgendsch schon
von Obeid-ullah-khan, welcher von 939(=1532 —335) bis 945(1539—
1540) in Bukhara herrschte und an dessen Hofe Omar-Ghâzi-Sultan
aus dem Geschlechte Jadigârs als Flüchtling lebte, eingenommen.
Fast alle lebenden Nachkommen Abul-kheir-khan's hatten sich dem
Feldzuge Obeid-ullah's angeschlossen; Obeid-ullah gab Urgendsch
seinem Sohne und führte die uezbegischen Stämme, welche um
Urgendsch lebten, nach Maverannahr. Auch die jungen Fürsten
wurden nach Bukhara geführt, andere flohen nach Derûn in Khorasan, von wo aus sie mit Hülfe von Turkmenen aus dem Stamme
Adaqly eine Expedition zur Wiedereroberung Khârezms unternahmen. Sie griffen zuerst Khiva und Hazarasp an, wo sie die bukharischen Gouverneure beseitigten. Davon unterrichtet, floh Obeid-
ullah's Sohn aus Urgendsch zu seinem Vater, welcher Truppen sam-
melte und mit einem zahlreichen Heere gegen Khârezm zog, wo er
eine Niederlage erlitt, obgleich seine Feinde über eine geringe Trup-
penzahl verfügten. Die in Maverannahr zurückgehaltenen Gefangenen kehrten nach Khârezm zurück. Darauf soll unter der Herrschaft Qâl-khans eine Zeit der Ruhe eingetreten sein: das Land
erholte sich und die Lebensmittel wurden äusserst billig. Doch dies
währte nur einige Jahre; nach Qâl-khan's Tode begann wieder der
Bruderkrieg.

Bis zur Zeit, wo Jenkinson Urgendsch besuchte, lebte der erwählte Khan in dieser Stadt. Kurz vor Jenkinson's Ankunft erhielt
der neu erwählte Khan, Hadschi-Muhammed-khan, Vezir als Apanage, das er aber neun Jahre später, als Ali-Sultan gestorben,
gegen Urgendsch vertauschte und seinem Bruder Mahmud-Sul-
tan gab.

In Khorasan, dessen nördlichen Theil mit den Städten Abiverd,
Nessa'i, Derûn die Uezbegen besassen, wurden die Perser oft von
ihnen belästigt. Um das Jahr 1570 machte, während Hadschi-
Muhammed-khan nach Khorasan gezogen war, der berühmte Abdul-
lah-khan, der Machthaber in Maverannahr, welcher im Namen seines
Vaters Iskender-khan herrschte, einen Einfall in Khârezm, ohne
aber Urgendsch zu nehmen. Bald darauf wiederholte er seinen Feld-
zug. Zuerst wandte er sich aber gegen Merv und Abiverd, sowie
Nessai, deren er sich bemächtigte. Nur Derûn blieb den Uezbegen.
Zum Winter kehrte Abdullah-khan nach Bukhara zurück, setzte aber

schon im Januar seine Truppen von Neuem gegen Khârezm in Bewegung. Zuerst wurde Khiva genommen, dann zog er gegen Vezir, wo sich zehn der Fürsten, die minderjährigen ungerechnet, eingefunden hatten. Sie ergaben sich und Abdullah-khan setzte seine Gouverneure in Vezir, Urgendsch, Kât, Khiva und Hazarasp ein. Hadschi-Muhammed-khan mit zehn anderen Fürsten verliessen Derûn und begaben sich nach Iraq zu Schah Abbas I. Die Fürsten aber, welche von Abdullah-khan nach Maverannahr gekommen waren oder freiwillig dorthin gezogen waren, wurden von ihm getödtet: es waren ihrer zwölf, die im Stande waren die Waffen zu tragen und gegen zehn Knaben. In Urgendsch drückten die von Abdullah festgesetzten Steuern das Volk so sehr, dass Viele sich genöthigt sahen, ihre Söhne und Töchter zu verkaufen. Jedes männliche Glied der Familie, selbst die zehnjährigen Knaben mussten eine Kopfsteuer von dreissig Tenge (Silberstücke) zahlen.

Nach einiger Zeit bemächtigte sich Hadschi-Muhammed-khan, von Turkmenen unterstützt, der Stadt Urgendsch. Khiva wurde von einem seiner Neffen, Baba-Sultan, eingenommen; davon in Kenntniss gesetzt, verliessen Abdullah-khan's Gouverneure Kât und Hazarasp. Der von Hazarasp begegnete am Amu die Vorhut der Truppen Abdullah's, welcher auf dem Marsche nach Khorasan begriffen war. Statt dorthin ging man jetzt gegen Khârezm. Hadschi-Muhammed floh von Neuem zum Schah von Persien. Baba-Sultan wurde nach der Einnahme von Hazarasp getödtet. Im Jahre 1006 der Flucht (1597 — 1598 nach Chr. Geb.) starb Abdullah-khan und Hadschi-Muhammed kehrte wieder nach Urgendsch zurück. Er behielt Urgendsch und Vezir für sich, gab seinem Sohne Arab-Muhammed Khiva und Kât und dessen Sohne Isfendiar Hazarasp. Die von Abdullah-khan weggeführten Uezbegen kehrten auch zurück.

Hadschi-Muhammed-khan starb im Jahre 1602. Sein Sohn Süjünitsch-khan war unterdessen aus der Türkei zurückgekommen, wohin er während der Occupation Khârezms durch Abdullah-khan geflohen war, und hatte vom Vater Urgendsch und Vezir als Apanage erhalten, während dieser nach Khiva zu seinem jüngeren Sohne Arab-Muhammed-khan zog. Da Süjünitsch-Muhammed-Sultan und ein anderer Bruder desselben noch vor dem Vater starben, wurde nach dessen Tode Arab-Muhammed, der Vater des Geschichtsschreibers Abulghâzi, zum Khan ausgerufen. Kât und Hazarasp gab er seinem Sohne Isfendiar-Sultan.

In die Regierungszeit Arab-Muhammed-khan's fällt der Einfall uralischer Kosaken in das Gebiet von Urgendsch (1603). Es war im Monat Juni. Der Khan mit den Truppen waren am Amu, der damals schon nicht mehr in der Nähe von Urgendsch vorbeifloss (s. oben S. 27). Nach Abulghâzi's Bericht sollen Tausend Einwohner von Urgendsch getödtet und Tausend junger Männer und Mädchen weggeführt worden sein; ausserdem sollen die Kosaken noch tausend Wagen mit kostbarer Beute mitgenommen und den Rest der in der Stadt vorhandenen Waaren verbrannt haben. Auf ihrem Rückzuge wurden sie von Arab-Muhammed, der unterdess herbeigeeilt war, nach hartnäckigem Kampfe vernichtet. Sechs Monate nach diesem Einfalle erlitt Khârezm einen andern Ueberfall von Seiten der Qalmuq. Sie kamen beim Nordende des Scheich-Dschelil-Gebirges ins Land und plünderten die Zeltlager an beiden Ufern des Flusses (des Laudân-Armes) bis zur Festung Tûk (s. oben S. 27). Die Beute und die Gefangenen, die sie gemacht, wurden ihnen abgejagt, von ihnen selbst aber fiel keiner in die Hände Arab-Muhammeds. Zehn Jahre später machten die Qalmuq einen zweiten Einfall und gingen mit reicher Beute und vielen Gefangenen davon.

Nachdem Arab-Muhammed vierzehn Jahre regiert, erlebte er den Aufstand zweier seiner Söhne, die erst im Alter von 14 und 16 Jahren waren und mit einem zahlreichen Anhange einen Einfall in Khorasan machten. Darauf überliess ihnen der Vater Vezir und die Turkmenenstämme, welche in dessen Umgegend lebten. Nach fünf Jahren bemächtigte sich aber einer dieser Söhne, Ilbars, Khiva's, während der Vater in Urgendsch war. Als der Vater gegen ihn ausgezogen war, schickte Ilbars Leute aus, die ihn gefangen nahmen und dem Sohne überlieferten. Dieser bemächtigte sich der vom Vater angesammelten Schätze, beraubte auch dessen Begs ihrer Güter, liess aber dem Vater das Leben. Die übrigen Söhne sammelten sich um den Vater und zwangen Ilbars zur Flucht auf den Ust-Urt. Anfangs unternahm der Khan nichts gegen Ilbars und dessen gleichgesinnten Bruder Habasch-Sultan, als er aber sich dazu entschloss, gerieth er in die Gewalt des Letzteren, der ihm die Augen ausstechen liess. Zu dieser Zeit floh Abulghâzi nach Samarkand, zu Imâm-Quli-khan, welcher von Tuqai-Timur, einem Sohne Dschudschi's abstammte. Die übrigen Brüder versöhnten sich mit Ilbars und Habasch-Sultan. Letzterer behielt Urgendsch und Vezir, Ilbars Khiva und Hazarasp und der geblendete Vater wurde in einer Festung gefangen gehalten. Im nächsten Jahre liess Ilbars den Vater, einen Bruder und zwei

Neffen tödten. Ein anderer Sohn Arab-Muhammeds, Afghan-Sultan, wurde (im Jahre 1622) nach Russland geschickt, wo er 1648 starb. Sein Grabmal hat sich noch bis jetzt in Kassimow erhalten.

Sein Bruder Isfendiar-Sultan war, nachdem Hazarasp von Ilbars genommen worden war, an den Hof Schah Abbas I. gegangen. Als der Vater getödtet, kam er über Khorasan und die Abul-khan-Berge, wo sich ihm einige Turkmenen von den Stämmen Teke und Saryq anschlossen, in die Amu-Gegend, in die Nähe der Festung Tük. Er fand bald einen bedeutenden Anhang unter den alten Dienern seines Vaters und einem grossen Theile der Bevölkerung. Doch musste er nach Mangyschlaq fliehen, wo sich ihm drei Tausend Turkmenen anschlossen, mit denen er gegen Urgendsch zog und nach dreiwöchentlichem Kampfe seine Feinde besiegte. Ilbars fiel in seine Hände und wurde getödtet. Habasch-Sultan floh zu den Qara-qalpaq am Sir, und von dort an die Ufer der Emba zu den dort lebenden Mangyt, deren Häuptling ihn an Isfendiar-Sultan auslieferte, welcher ihm das Leben nehmen liess. Im Jahre 1623 kam Abulghâzi nach Khiva, wo Isfendiar als Khan ausgerufen wurde. Er behielt für sich Khiva, Hazarasp und Kât, gab Abulghâzi Urgendsch und dem jüngsten Bruder Scherif-Muhammed Vezir.

Der neue Khan entliess nicht die Turkmenen, mit deren Hülfe er Herr des Landes geworden war. Solches geschah nicht umsonst, denn er benutzte dieselben, um ein Blutbad unter den Uezbegen, welche zwischen Hazarasp und Khast-Minaresi (östlich von Urgendsch) lebten, anzurichten, namentlich unter den Stämmen Uighur und Naiman. Da wollten die übrigen Uezbegen, welche um Urgendsch lebten, nach Maverannahr auswandern und liessen sich von ihrem Vorhaben nur zurückhalten, als Abulghâzi, der in Khiva gefangen gehalten wurde, freigelassen war. Darauf begann dieser einen Krieg mit Isfendiar-khan, wo der Sieg unentschieden blieb, was zur Folge hatte, dass die Uezbegen Urgendsch verliessen und nach Bukhara und Turkestan auswanderten. — Auch Abulghâzi begab sich nach Turkestan zum Khan der Qazaq, Ischim. Von dort ging er an den Hof Imâm-Quli-khan's, wo er eine Einladung der Turkmenen in Khiva, zu ihnen zu kommen, erhielt. Er folgte der Einladung, kämpfte mit seinen Brüdern und schloss mit denselben Frieden, doch dauerte derselbe nicht lange und die Turkmenen unterstützten von Neuem Isfendiar-khan, in dessen Gefangenschaft Abulghâzi gerieth und darauf von ihm nach Abiverd in Khorasan geschickt wurde. Von dort kam er nach Hamadan und Ispahan, wo er zehn Jahre blieb. Im elften Jahre floh er zu den Teke-Turkmenen, bei den Abul-khan-Bergen, wo er zwei Jahre blieb und darauf nach Mangyschlaq ging. Die hiesigen Turkmenen waren völlig ruinirt und standen unter der Botmässigkeit der Kalmüken. Der Fürst derselben liess ihn zu sich kommen und behielt ihn ein Jahr bei sich, worauf er ihn nach Urgendsch entliess. Dies geschah im Jahre 1641. Sechs Monate darauf starb Isfendiar-khan. Ein Jahr später wurde Abulghâzi in der Aralgegend, um das jetzige Qungrad, zum Khan von den Uezbegen, welche aus Maverannahr unterdessen zurückgekehrt waren, ausgerufen. Die Turkmenen von Khiva erkannten abermals als Herrscher des Landes den Bruder des verstorbenen Imam-Quli-khan, Nadir-Muhammed-khan, an. Dieser schickte seine Militär-Gouverneure nach Khiva und Hazarasp, welche die Verwaltung in den Händen der von Isfendiar dazu bestimmten Leute liessen, wodurch die Einnahme vom Lande den Turkmenen blieb. Abulghâzi machte aus dem Aral-Lande häufige Einfälle in das Gebiet von Khiva. Als Nadir-Muhammed von den eigenen Begs entthront und sein ältester Sohn Abdul-aziz zum Khan ausgerufen worden war, zogen sich die bukharischen Truppen aus Khiva in ihre Heimath zurück. Da kam denn, im Jahre 1644, Abulghâzi nach Khiva, liess über die Turkmenen ein Blutbad ergehen und machte ihre Frauen und Kinder zu Sklaven. Auch gegen diejenigen Turkmenen, welche Khiva zeitig verlassen, sowie gegen andere unternahm er Vernichtungszüge; ferner zog er zwei Mal gegen die Kalmüken zu Felde und machte einige Einfälle in das bukharische Gebiet.

Wir haben hier dem Leser ein Stück üzbegischer Geschichte vorgeführt. Schwerlich wird er von dem ihm gebotenen Bilde besonders erbaut sein. Im Gegentheil, dasselbe wird in ihm die Ueberzeugung wecken, dass der Nomade türkischen Bluts zum Leben in cultivirten Ländern nicht geschaffen sei, denn er ist weder anhaltender Arbeit, noch der Herrschaft fähig. Das Herrschen wird er wohl niemals lernen, das Arbeiten, das Produciren vielleicht erst unter einer starken und strengen Regierung. Ohne die eingeborenen Sarten und ohne die beständige Zufuhr von persischen Sklaven wäre die Oase von Khârezm wohl längst schon untergegangen. Der Handel ist fast ausschliesslich in den Händen der Sarten. Die Gärten werden von Sarten und in den Besitzungen der Uezbegen von persischen Sklaven bestellt. Ackerbau treiben auch die Uezbeg, Qara-qalpaq und Qazaq, sowie einige Turkmenenstämme, ohne aber das Leben im Zelte aufgegeben zu haben.

Wir wollen die auf einander folgenden Regierungswechsel seit Abulghâzi's Tode nicht verzeichnen, da sie kein Interesse bieten. Aus der Geschichte Khârezms im achtzehnten Jahrhunderte beschränken wir uns darauf, der von Peter dem Grossen gegen Khiva ausgerüsteten Expedition, unter der Leitung des Fürsten Bekewitsch-Tscherkaskij, sowie der Einnahme von Khârezm durch Nadir Schah zu erwähnen. Erstere fand bekanntlich im Jahre 1717 statt und endete unglücklich. Die Geschichte derselben ist neuerdings von K. E. von Baer in seiner Schrift: «Peter's des Grossen Verdienste um die Erweiterung der geographischen Kenntnisse» behandelt worden.[1] Nach dieser Expedition gab aber Peter den Wunsch, Handelsverbindungen mit Innerasien und womöglich bis Indien anzuknüpfen, keineswegs auf. So wurde, um Handelsbeziehungen einzuleiten und zugleich über die unruhigen Bewegungen in Persien Berichte zu erhalten, dorthin ein neuer Gesandter geschickt. Nach Bukhara wurde im März 1718 der gewandte Italiener *Florio Benevini*[2], welcher 1725 über Khiva zurückkehrte, abgefertigt. Der damalige Khan von Khiva, *Schir-ghâzi*, hatte einen gefährlichen Nebenbuhler an Schah-Temir-Sultan, welcher seinen Anhang im Aral-Lande hatte. Auch im südlichen Khârezm hatten sich viele Städte für ihn erklärt. Die Geschichte der Gesandtschaft Benevini's ist höchst lehrreich und sein Tagebuch und seine Berichte geben uns ein anschauliches Bild von den damaligen Zuständen in den Oxus-Ländern und von uezbegischer Wirthschaft überhaupt. Wer diese Quellen, sowie die Berichte anderer Augenzeugen über die erwähnten Länder kennen gelernt, dem wird es gewiss nicht einfallen, an die Möglichkeit einer Neutralisirung des untern Flussgebiets des Amu zu denken. Ein solcher Gedanke ist jedoch vor weniger als einem Jahre in einer sehr verdienstvollen, der Erdkunde gewidmeten Zeitschrift ausgesprochen worden. Am Ende des vorigen Jahrhunderts (1793) ward

---

[1] „Beiträge zur Kenntniss des Russischen Reiches" u. s. w. Sechszehntes Bändchen. St. Petersburg, 1872 (8°) S. 175—206. Ausser Müller's Sammlung russischer Geschichten (Th. VII) ist eine auf Grund von Acten verfasste Monographie über diese Expedition von *Dimitrij Golossow* (im Wojennij Sbornik für 1861) von Herrn von Baer benutzt worden. Vor zwei Jahren wurden aus dem Archiv des Generalstabs auf Bekewitsch's Expedition bezügliche Acten herausgegeben.

[2] Benevini's in italienischer Sprache während seines Aufenthalts in Khiva geführtes Tagebuch, sowie seine Berichte an den Kaiser sind im IX. Bande der (alten) „Sapiski" (1853) der Geogr. Gesellschaft als Beilage zu einer umfassenden Arbeit von *A. Popow* über die Beziehungen Russlands zu Khiva und Bukhara zu Peter's des Grossen Zeit veröffentlicht. Hier ist auch die Geschichte der Expedition Bekewitsch's gegeben.

auf die Bitte der Regierung in Khiva, ein deutscher Arzt aus St. Petersburg dorthin gesandt. Derselbe äussert sich folgendermaassen über die dortigen Verhältnisse: »Ich muss bemerken, dass man den Khivesen nicht im Geringsten trauen darf. Treubruch ist bei ihnen gewöhnlich, und Christen gegenüber halten sie denselben für eine Gott wohlgefällige That. Da man ausserdem bei ihnen jeden Tag innere Unruhen zu befürchten hat, so entstehen nicht selten solche Verwickelungen, dass auf eine Beobachtung der von ihnen eingegangenen Verpflichtungen und Vereinbarungen gar nicht zu rechnen ist.« An einer andern Stelle heisst es: »Das Gefühl der Ehre hat nie eine khivesische Seele erfüllt, wovon mich zu überzeugen ich während meines Aufenthalts daselbst Gelegenheit hatte.« Als Blankennagels ärztliche Hülfe nicht mehr nöthig war, war man in Khiva darauf bedacht, ihn umzubringen. Seine siebzehn Pferde hatte man ihm bei der Ankunft, unter dem Vorwande sie auffüttern zu wollen, abgenommen und ihm nur eins, statt der anderen aber schlechte Mähren zurückgegeben. Nur sein entschlossenes Auftreten rettete ihn. Er erinnerte die Khivesen an die Rache Nadir-Schah's, dessen Gesandte der damalige Khan in Khiva, Ilbars, hatte umbringen lassen.[1] Nadir, nachdem er in Bukhara eingezogen und dem dortigen Khan, Abulfeiz, den Thron gelassen und mit dessen Tochter seinen Neffen vermählt, hatte vom Khan in Khiva verlangt, dass er sich unterwerfe. Mit Nadirs Gesandten schickte auch Abulfeiz von sich welche, die die Forderung Nadir's zu erfüllen riethen. In seinem blinden Uebermuthe und wahrscheinlich auf die isolirte Lage seines Landes trotzend, hatte Ilbars die Gesandten umbringen lassen. Nachdem Nadir die Festung Khanqâh, wo sich Ilbars auf's Aeusserste vertheidigte, genommen, liess er ihn und die Theilnehmer am Morde der Gesandten hinrichten. Zum Khan machte Nadir einen Verwandten Abulfeiz-khan's, einen gewissen Tahir, welcher von Dschengizkhan abstammte. Die Einwohner von Khiva hatten, während Nadir vor Khanqâh stand, den Khan der kleinen Qazaq-Horde, Abulkheir-khan, welcher Russland sich unterworfen hatte, zum Khan ausgerufen (1740). Anfangs erklärte er Nadir gegenüber, dass das Land seiner Suzeränin, der Kaiserin von Russland, gehöre, bald darauf floh er aber vor Nadir. Bald nach dessen Abzuge wurde Tahir von den

[1] Blankennagels Bericht ist vom Professor *H. Grigorjew* in dem Bulletin („Wjestnik") der Kais. Russ. Geographischen Gesellschaft, Band XXII, Abth. II S. 87—116 mit sehr werthvollen Anmerkungen herausgegeben.

Khivesen getödtet, welche Abul-kheirs Sohn, Nur-Ali-Sultan, beriefen, der aber die Ufer des Amu verliess, als er hörte, dass ein persi-
sches Heer heranrücke. Nadir ernannte nun zum Khan in Khiva den
Sohn des von ihm hingerichteten Ilbars. Ferner ist bekannt, dass um
das Jahr 1750 ein Sprössling aus der Familie der Khane der Qazaq,
Ka'ip, der Sohn Batyr-Sultans, Khan war. Zu Blankennagels Zeit galt
als Khan in Khiva Ka'ips Sohn, Abulghâzi. Das Land wurde von den
angesehensten üzbegischen Stammesältesten, Inaq genannt, verwaltet.
Das Haupt dieser Verwaltung war Ajaz-beg, aus dem Stamme Qungrad, der seinen Sitz in Khiva hatte. Sein Sohn Iltezer schaffte die
»Khans fainéants« ab und nahm selbst den Khan-Titel an. Sein Bruder Muhammed-Rahim, von welchem der gegenwärtige Khan in
Khiva abstammt, vollendete die einheitliche Regierung; er herrschte
von 1802 oder 1803 bis 1825. Ihm folgte sein Sohn Allah-Quli (bis
1842), mit dem J. Abbott, als er 1839 im Auftrage der englischen
Regierung Khiva besuchte, verhandelte. Nach Allah-Quli regierten
seine beiden Söhne Rahim-Quli (etwas über zwei Jahre) und Muham-
med-Emin, welcher im Jahre 1855 im Kriege gegen die Perser, bei
Serakhs, unweit Merv, fiel. In demselben Jahre hatte Khârezm fünf
Khane, von denen der gegenwärtige Khan, Seid-Muhammed, ein Sohn
Rahim-Quli's der letzte war. Das von Serakhs zurückkehrende Heer
hatte einen Vetter Muhammed Emin's ausgerufen. Er starb in kurzer
Zeit im Kampfe gegen die Turkmenen. In Khiva wurde sein Bruder
Qutluq-Murad zum Khan ausgerufen, die Turkmenen riefen Ata-
Murad aus dem Stamme der Jomuden, die Qazaq und Qaraqalpaq
den Qaraqalpaqen Dscharlyq-Türe zum Khan aus. Qutluq-Murad
wurde von seinem Onkel ermordet, worauf denn Muhammed den
Ark in Khiva als Khan bezog.—Münzen wurden in Khârezm seit der
Zeit, wo die Khane der Goldenen Horde von Sarai sie daselbst prä-
gen liessen, erst im Anfange dieses Jahrhunderts, mit dem Auftreten
der gegenwärtigen Qungrader Dynastie, wieder geprägt. Die ältesten bekannten Münzen dieser Dynastie sind aus den Jahren 1216
und 1217 der Hidschret (1801—1803 n. Chr. Geb.).[1] Vor dieser
Zeit bis in's XIV. Jahrhundert hinauf sind uns keine in Khârezm

---

[1] Im IV. Bande der Arbeiten („Trudy") der orientalischen Abtheilung der hiesigen
Archäologischen Gesellschaft hat im J. 1859 Herr Akademiker *Weljaminow-Sernow*
eine Monographie über bukharische und khivesische Münzen veröffentlicht. Einen Nach-
trag dazu lieferte Herr Professor *Grigorjew* im Bulletin („Iswestija") derselben Gesellschaft, wo auch die im J. 1858 oder 1859 (1275 der Hidschret) geprägte Münze eines
ephemeren Khans, Muhammed-Penah's, der in Qungrad erstanden war, beschrieben ist.

geprägten Münzen bekannt. Während der Herrschaft von Jadigàr's Nachkommen in Kharezm scheinen im Lande nur fremde, vorzüglich maverannahrische Münzen in Umlauf gewesen zu sein. Abulghàzi, als er einmal anführt, dass während Abdullah-khans Herrschaft in Urgendsch das Volk dreissig Silberstücke für den Kopf Steuer zu zahlen hatte, bemerkt dabei, dass ein Silberstück (Tenge) von Abdullah-khans Gepräge damals mehr als einen Aschrefi werth gewesen wäre. Also wurden die Abgaben in maverannahrischen Münzen gezahlt.

Die finanziellen Verhältnisse des gegenwärtigen Khàrezm sind nichts weniger als glänzend. Das Volk ist arm, namentlich in dem nördlichen Theile des bebauten Landes. Der Handel ist unbedeutend, da die Einwohner des Landes geringe Bedürfnisse haben und selbst die Vornehmen, die Würdenträger und Verwandten des Khans, bei den Kaufleuten stark verschuldet sind. Der Transithandel, der früher in Urgendsch sein Emporium hatte, existirt nicht mehr; von den Producten des Landes wird ins Ausland fast nur Baumwolle (nach Russland) und dazu in unbedeutender Quantität abgesetzt. In zehn Jahren (1840 — 1849) wurde aus Khiva nach Orenburg rohe und verarbeitete Baumwolle nur für 1,101,436 Rbl. 10¹/₂ Kop. eingeführt, an anderen Waaren, als Rauchwaaren, Leder, Krapp, Teppichen u. s. w., in demselben Zeitraum für nicht mehr als 295,753 Rbl. 49¹/₂ Kop. Von uns bezieht Khiva hauptsächlich Metalle roh und verarbeitet (Kupfer, Eisen und Gusseisen) Baumwollenstoffe und Wollenstoffe, Farben, raffinirten Zucker. Die in den angeführten zehn Jahren aus Russland nach Khiva ausgeführten Waaren repräsentirten einen Werth von 1,232.789 Rbl. 67 Kop. Mit Bukhara und Persien ist der Handel Khiva's unbedeutender als mit uns.

Die geringe Einnahme, welche in die Staatskasse fliesst, geht fast ganz auf die Besoldung der erbärmlichen Kriegsmacht des Beherrschers von Khàrezm und auf die Geschenke an seine Beamten. Die Kuche des Khans selbst und seiner Frauen und Kinder kostet nicht mehr als 1,500 Rbl. jährlich. Wie ärmlich man in Khiva lebt, wird einem recht anschaulich, wenn man die Aussagen derjenigen unserer Landsleute liest, welche dort Jahre lang in der Gefangenschaft gelebt. So erzählte Gruschin, welcher eine Vertrauensperson am Hofe Muhammeds-Rahim-khans war: „In Khiva werden Rinder und Pferde schlecht gefüttert; selbst die Rosse des Khans stehen Tage lang ohne Futter. Doch das darf Einen nicht wundern, wenn man weiss, dass der Khan seinen Frauen das Brod nach Gewicht verabfolgen lasst . . . . Viele der Frauen des Khans schicken die Ueberreste ihres Pillaws auf den Bazar und kaufen für die eingelösten Groschen Seide und andere Kleinigkeiten. Thee wird im ganzen Palast nur vom Khan getrunken: meist ist es kalmückischer Ziegelthee, selten anderer. Nur zwei Mal in der Woche geniesst er ihn mit Zucker. Die Frauen und Kinder des Khans erhalten niemals Thee." Ein anderer Beobachter khivesischer Verhältnisse, Iwan Rezanow, welcher längere Zeit bei einem Sohne Muhammed-Rahim-khans, Seïd-Mahmud-Türe, lebte, erzählt von der Mutter dieses Prinzen, die die bevorzugte Gemahlin seines Vaters war, dass sie sehr reich gewesen sein müsse, da sie die Reisgrütze, welche sie aus der Küche des Khans (wo, beiläufig gesagt, eine Russin, Anna Wassiljewna, Köchin war) bezog, an ihre Mägde weggab, und ihr und der Kinder Mittagsbrod selbst auf ihrem Zimmer bereitete. Die übrigen Frauen des Khans dürfen sich solchen Luxus nicht erlauben: sie leben nothdurftig und schicken die von ihnen gestickten Mützen zum Verkauf auf den Bazar." Als eines besondern Luxusartikels im Besitze der genannten Gemahlin des Khans erwähnt Rezanow eines Shawls im Werthe von zwanzig Goldstücken (Tillae) oder 80 Thalern!

So viel ich während meines kurzen Aufenthalts in der unmittelbaren Nähe der Residenzstadt des Seïd Muhammed Bahadur Khan khivesische Verhältnisse beobachten konnte, dürften die oben angeführten Aussagen nicht übertrieben sein. So wurde unsere Gesandtschaft bei ihrer Ankunft in Gendümgän mit einem Souper, welches aus einer Milchsuppe mit Nudeln aus Weizenmehl bestand, bewirthet. Dieselbe Speise erschien auch nach einem sehr einfachen Pillaw bei dem officiellen Diner beim Kuschbegi. Als wir auf unserer Fahrt den Amu-Darja hinauf bei Neu-Urgendsch angekommen waren, wurde uns ein kleines Fest gegeben; das Geld zur Bestreitung der Kosten desselben musste bei den Kaufleuten von Neu-Urgendsch von der Regierung geliehen, oder was wahrscheinlicher ist, erpresst werden.

Während ich diese Zeilen niederschrieb, haben die Zeitungen die Nachricht von der Einnahme von Hazarasp gebracht. General Werewkin ist von Qungrad bei Qytai fast ohne Widerstand vorgerückt. Auch die Residenzstadt wird jetzt schon in den Händen unserer Krieger sein. Der Khan wird entweder in die Wüste geflohen oder, mit zu später Reue, sich dem Oberbefehlshaber der russischen Truppen ergeben haben, wenn nicht noch im letzten Augenblicke, seine eigenen Unterthanen ihm das Leben genommen haben.

Ich habe der Beziehungen Khiva's zu Russland während der letzten Jahre hier nicht erwähnt, weil sie in unserer Tagespresse hinreichend besprochen worden sind. Früher als andere mittelasiatische Khanate hatte Khiva noch zu Peter's des Grossen Zeiten die Suzeränität Russlands anerkannt. Obgleich es unser nächster Nachbar in Mittel-Asien, war ihm seine Selbstständigkeit bis auf den heutigen Tag gelassen. Auf seine geographische Lage trotzend, blieben die dortigen Machthaber, mit uezbegischer Kurzsichtigkeit, auch dem starken Nachbar gegenüber, bis auf die letzte Zeit bei der Politik eines Raubstaates, während wir uns begnügten, sie mit der Courtoisie europäischer Diplomatie zu behandeln. Weniger als unsere Beziehungen zu Khiva neuester Zeit sind die älteren, und am wenigsten in der Literatur des Auslandes, bekannt. Unsere eigene Literatur dagegen bietet für die Geschichte dieser Beziehungen im vorigen Jahrhundert ein ziemlich reiches Material, dessen Verarbeitung manche im Umlauf befindliche irrige Ansicht über unsere Stellung in Central-Asien berichtigen dürfte. Für den Augenblick fehlt es mir an Musse, einer solchen Arbeit mich zu unterziehen. Ich habe auf den vorstehenden Seiten mich hauptsächlich auf die historischen Verhältnisse Khàrezms beschränkt, weil diese am Wenigsten oder fast gar nicht bekannt sind. Aus der physischen Geographie habe ich einige Punkte der Oxus-Frage hervorgehoben, weil, seitdem ich diese Frage in der Literatur verfolge, es mir schien, dass die vorliegenden historischen Nachrichten, welche zu ihrer Lösung beitragen können, nicht hinreichend benutzt worden sind. Als Verkehrsmittel wird der Oxus wohl schwerlich jemals eine Bedeutung erhalten. Der Schwerpunkt seiner Bedeutung liegt vielmehr in der Möglichkeit, durch ihn der Wüste mehr Culturland abzugewinnen. Das wird auch geschehen, sobald die politischen und socialen Verhältnisse an seinen Ufern nicht mehr so trostlos sein werden, wie sie es seit einer Reihe von Jahrhunderten bis jetzt waren.

Materiellen Gewinn haben wir von der Eroberung Khàrezm's nicht zu erwarten. Ausser den bedeutenden Kosten der gegenwärtigen Expedition — an eine Contribution ist in Khiva nicht zu denken —, werden unserm Staate aus dieser Eroberung neue Sorgen und neue materielle Opfer erwachsen, welche nur durch den Gewinn, den die Wissenschaft aus dem Lande, zu dem jetzt der freie Zutritt für ihre Pioniere eröffnet ist, ziehen wird, aufgewogen werden können. Die hiesige Geographische Gesellschaft hat noch im Anfang dieses Jahres eine Reihe wissenschaftlicher Fragen aus der Geographie, Ethnographie und Culturgeschichte in Bezug auf Khiva veröffentlicht, zu deren Beantwortung Beiträge von Theilnehmern an der Expedition gegen Khiva zu erwarten wären.

St. Petersburg, den ¹⁴/₂₆ Juni 1873.

Berichtigungen und Zusätze.

S. 3, Z. 24 lies *Balkh* statt Balph.

S. 4, Z. 8 lies *bâm-i-dunjâ* statt bûm-i-dunyâ.

S. 5, Z. 22 lies *Hadscha-Salah* statt Khadscha-Sala.

S. 7, Z. 10 lies *Khiva* statt Khiwa.

S. 16 u. flg. Eine khorasanische Farsakh ist etwas mehr als 7 Kilometer und kommt dreien der bei den arabischen Geographen gebräuchlichen Meilen gleich.

S. 23, Z. 11 lies *erwähnt* statt rewähnt.

S. 25, Z. 2 Karamsin, welcher die Chwalissy irrthümlich mit den Qangly (Cangitæ des Plano Carpini), den früheren Ghuzzen (nach Mas'ûdi im X. Jahrh. in drei Horden getheilt) und den jetzigen Qazaq—dieser Name kam erst im XV. Jahrhunderte auf—identificirt, erwähnt, dass Boris Godunow für seinen Sohn eine Braut in den tatarischen Reichen, im Lande der Chwalissy, gesucht habe. Es sind wohl die üzbegischen Fürsten in Khârezm gemeint. Bei Nestor wird das Kaspische Meer das Chwalissische oder Chwalinsker Meer genannt. Das Land der Chwalissy denkt er sich im Osten dieses Meeres. Sollte die Stadt Chwalynsk im Gouvernement Ssaratow eine khoarizmische Colonie gewesen sein?

S. 25, Z. 21. Sir Henry Rawlinson scheint uns ein zu grosses Gewicht auf seinen Gewährsmann zu legen, der genau genommen, doch ganz vereinzelt mit seiner Ansicht vom Verschwinden des Aral-See's oder des See's von Khârezm steht. Wenn der Sir wirklich den Aral-See nicht erreicht hat, so mag das nur in der heissesten Jahreszeit und wo seine Fluthen zur Bewässerung der an seinen Ufern gelegenen Ansiedelungen mit ihren Gärten und Feldern stark verbraucht wurde, geschehen sein.

S. 28, Z. 12 lies *Dschugara* statt Tschugara.

S. 34, Z. 19 lies *s. oben S.* 22 statt s. oben S. 12.